KB274785

100년 전, 유럽인이 유럽에 전한

조선왕국 이야기

김영자 편저

서문당

차례

원시와 문명이 공존하는 나라 —지그프리드 겐테 / 255

조선왕국 이야기

책을 내면서

　20여년 전에 남편이 체코에 여행을 갔다가 한 고서점에서 1905년 독일 쾰른에서 출판된 KOREA 한 권을 사가지고 왔다. 이 책은 쾰른신문사의 외신통신원으로 한국 남쪽 끝 한라산 등정에서 북쪽 금강산 등 방방곡곡을 누비고 다니면서 보고 느낀 내용을 적은 '한국견문기'이다. 막 학위논문을 제출하고 결과를 기다리는 중이어서 시간 여유가 있던 참이라 깨알 같은 고딕글씨로 씌어진 400여 쪽을 그 자리에서 거의 다 읽다시피 했다.

　구한말 조선의 어지럽게 움직이던 정치·경제에서 조선의 모습, 조선 사람과 일상생활 의식까지 상세히 적혀 있어 마치 탐정소설을 읽고 있는 듯 가슴이 울렁거리고 다음 내용우 또 어떤가 뒷장을 미리 겻눈질해 볼 정두로 재미있었다. '아, 우리나라 서울이 100년 전에는 그랬었구나'를 연발하면서, 종일 할 일 없이 '거드름 피우며 나다니는' 갓 쓴 양반을 표현한 곳에서는 웃음을 참지 못하고 깔깔대다가 '젖통을 내놓고' 일하는 여인을 그린 대목에서는 '이럴 수가 없어, 외국인은 언제나 낯선 나라의 풍속을 꾸미고 있어' 하면서 분개하기도 했다. 후에 이게 사실상 풍습임을 알았지만.

정말, 이 책에서 '옛 한국'을 많이 배웠다. 그래서 필자는 유럽에서 출간된 한국에 관한 고서수집광이 되기 시작했다.

독일땅에 살면서 학계에 있으니 당연히 독일어로 씌어진 책이 소장의 대부분을 차지할 수밖에. 돈도 많이 들었고 시간투자도 많았다. 그렇지만 한 번도 후회해 본 적은 없다. 몰랐던, 또는 구하려고 무척 애썼으나 너무 희귀본이라 내 손에 들어오지 않았던 책을 구했을 때, 그리고 새로 구입한 책을 단숨에 읽을 때의 기쁨과 행복한 순간들은 경제적인 어려움을 잊게 해주었고 필자를 더욱 고서수집에 몰두하게 만들었다.

유럽에서 출판된, 조선 말기를 대변하는 단행본은 별로 많지 않아서 어느 정도 단행본 수집이 끝난 지금 필자는 독일 내 월간지며 학술지에 기고된 '한국'을 찾아다닌다.

국내에서도 영문판 구한국이 영인본이나 번역본으로 심심치 않게 나오면서 더러 관심을 보이기는 하지만, 필자의 경험에 의하면 국립도서관을 비롯해서 국내 학계의 반응은 희귀본 고서의 중요성이 아직까지도 '예산 때문에'라는 이유로 크게 관심을 보이지 않는 게 유감스럽다.

6백년 조선왕국은 19세기 말까지 중국을 제외하고는 뚜렷한 외교국을 가진 적이 없다고 본다. 국제교역 또한 마찬가지다. 중국과의 교역은 주로 사절단을 따라나선 통역관을 맡은 조선 중인들이 독점을 하다시피 했던 게 고작이다. 섬나라 일본과의 외교나 교역은 대부분 '강요' 때문이었을 뿐 마음 내킨 상황에서 이루어진 적은 별로 없었다.

조선은 자의 반 타의 반에 의해서 1880년 초부터 미국, 러시아, 독일, 프랑스, 영국 등의 순서로 서양과 공식적으로 외교와 통상조약을 체결하기 시작했다. 때맞춰 외교관, 떼돈을 벌겠다는 무역상인, 선교사, 그리고 이제까지 꼭꼭 감춰졌던 '미지의 나라 조선' 관광을 위해서 서양인 입국자가 끊어어지 않았고, 그 중 대부분은 서양에 알려지지 않은 조선을 소개하는 데 열을 올렸다.

조선 왕조 말기인 1880~1905년 사이에 한국에 관한 많은 저서와 풍부한 연구자료들이 출간된 것은 이제까지 막아 두었던 물꼬가 트인 듯 '조선'에 관한 관심이 지대했음을 잘 반영하고 있다.[1] 그렇지만 조선을 다녀간 서양 사람들 중 일부는 별 사전상식도 없었을 뿐더러 조선의 문화를 충분히 이해할 능력도 갖추지 못한 상태였다. 그래서

---

1) Hermann, Lautensach 저서인 한국에 의하면, 서양어로 씌어진 한국에 관한 연구 논문은 다음과 같다. 저서나 학회지의 발표 논문이 1595~1880 까지 152 편, 1881~1931 년까지 2,730 편 (러시아가 제외된 것임).

이들은 일본 문헌을 우선으로 채용했고 조선에 대한 그들의 선입견 때문에 조선을 제대로 보고 판단하지 못 한 내용이 부지기수로 이러한 견문기를 읽는 우리를 못 내 안타깝게 한다.

본서에서는 이 독일 문헌 중 한말기의 서울의 경관, 풍물, 생활 모습을 재발견하거나 또는 주로 독일인들이 와서 보고 느낀 조선, 조선사람과 전통생활에 젖어 국제정세를 외면할 정도의 생활의식 모습 등을 엮어 보고자 한다. 사진이나 저자들의 설명에 의해서 그려진 추상에 가까운 삽화는 본문 내용의 시기에 정확히 국한하지 않고 좀 더 폭넓게 삽입하기로 한다.

오래전부터 사실상 조선왕조가 막을 내리고 20세기 유럽 열강국들의 정치적, 경제적인 침투가 시작되는 한말의 모습을, 당시 조선을 다녀간 서양사람들이 펴낸 한국견문기를 통해서 국내에 소개하기를 원했던바 오래였다.

이러한 필자의 소원이 일부 이루어져서, 서울이 6백년, 회갑을 열 번째 맞는 해에 발족된 서울학연구소에서 편저로 《서울》 한 권을 출간하게 되었다.

그러나 이 책은 한정판에다 일반서점에서 누구나 쉽게 접할 기회가 적어서 유감스럽던 차에 이번 서문당 최석로

사장님의 깊은 배려와 적극적인 협조로 오늘 다시금 필자
가 원하던 결실을 보게 되었다. 이에 대해 진심으로 감사
를 드린다. 본 저서는 1994년 판≪서울≫을 기반으로 엮
었으나 조선 전체를 폭넓게 담았다.

그리고 미리 앞서 이 자리를 빌어 독자들에게 깊은 감사
를 드린다.

독자의 많은 관심과 함께 <한국>을 다녀간 이방인의
눈에 비친 우리나라의 옛모습과 우리 조상들의 의식이 지
금 우리 <한국인의 의식>과 어떻게 달라졌는지, 외국인
의 선입견과 편견이 우리의 판단을 얼마나 그르치게 하는
지를 생각할 수 있는 기회가 된다면 큰 보람이겠다.

끝으로 '한국 / 조선'이나 '서양 / 유럽'의 개념을 시대
배경에 맞추려고 노력은 했으나 간혹 역사적으로 보아서
현재까지 진행된다고 여길 때는 이 단어의 개념을 크게 구
분하지 않았음을 이해해 주시기를 바란다.

1997년 10월

레겐스부르그 대 / 김 영 자

(Dr. Beckers Kim, Young-Ja)

조선은 섬나라

– 서양 지도사에서 본 조선의 위치 –

섬으로 알려졌던 신라

호기심은 인간의 본능 중의 하나이다. 더 나아가서는 탐구심과 미지에 대한 탐험욕으로 이어진다. 유민시대에서 농경시대로 넘어가면 인간은 정착생활을 하게 되는데, 따라서 자기의 생산품과 자기가 필요한 다른 필수품을 구할 수 있는 물물교환이 불가피하게 되었다. 이러한 행상 교역이 주가 된 여행은 인간의 본능인 탐험심까지 곁들여져 예부터 활발했지만, 이러한 탐험 여행 이전에 알려지지 않았던 지역은 우연하게 찾을 수도 있었으나 대부분은 무엇인가를 바탕으로 하고서야 얻은 결과였다. '탐구 근거설'은 구전이나 문서에서 얻는다. 그리고 구전된 '풍문'이 사실로 나타나면 글이나 두표로 기록이 되는데 우리는 이 기록된 문헌이나 도표, 곧 지도에는 더욱 확신하는 사실을 보충하는 순서를 밟는다. 지금까지 알려진 내용을 담은 고지도나 고서의 역사적인 가치가 바로 여기에 있다.

고지도는 그 당시를 반영하는 세계관

유럽 중세관의 세계 구분은 오늘날의 6 대주가 아니라 아프리카, 아시아, 유럽 3 대륙이었다.

그리스 · 로마시대를 거쳐 유럽 르네상스시대에는 대항

해 탐험이 유럽 강대국의 치열한 경쟁을 불러일으키면서, 15 세기 말 콜럼버스(Columbus)가 대륙 아메리카를 찾아서 유럽에 알리고 연이어 이제까지 불확실했던 미지에 관한 정보가 알려지면서 세계지도가 다시금 수정, 보완을 거치게 되었다. 우리 옛 조선의 모습도 이러한 수정과 보완과정을 거치면서 유럽 세계지도에, 12 세기에는 군도, 16세기에는 달걀 모양의 섬나라, 17세기에는 홍당무 모양으로 지도 제작자에 따라 섬이나 반도로 바뀌었다가 17세기 말에 들어서면서 드디어 반도형 조선으로 표기된다. 조선이 섬나라가 아니고 반도라고 확신한 정보처는 물론 중국에서 선교 활동을 하면서 청국 황제의 명으로 지도와 달력 제작에 정진하던 마테오 리치(Matheo Ricci), 아담 샬(Adam Schall von Bell), 페르비스트(Verbiest) 등을 위주로 한 유럽인 예수회 신부들에 의해서였다. 예수회 선교사들에게는 중국 사신들이 조선에 가서 구해온 조선 지도가 크게 도움을 주었다.

그렇지만, 우리나라는 16세기 말까지는 유럽 지도에는 대체로 표기된 것이 적다. 다시 말하면, 이 사실은 그때까지 우리나라의 존재가 유럽 학계에 잘 알려지지 않았다는 것으로 해석된다. 그때는 지금처럼 신문 · 통신 시설이 활발하지 않았고 교통수단이란 기껏해야 짐승이 끄는 도보여행이나, 해상 여행이어서 새로 얻은 정보가 널리 알려지기까지는 오랜 시간이 소요되었다. 가령 독일에서 알려진 정보를 다음날 즉시 영국에서 알 수는 없었다. 9~10 세기에 아랍 행상인의 여행담을 통해서 '신라'가 섬으로 소개되었고, 13~14 세기에는 로마 교황청 사절단장 루브룩 신부에 의해서 'Cauli, Coray 고려 ' 가 일본보다 먼

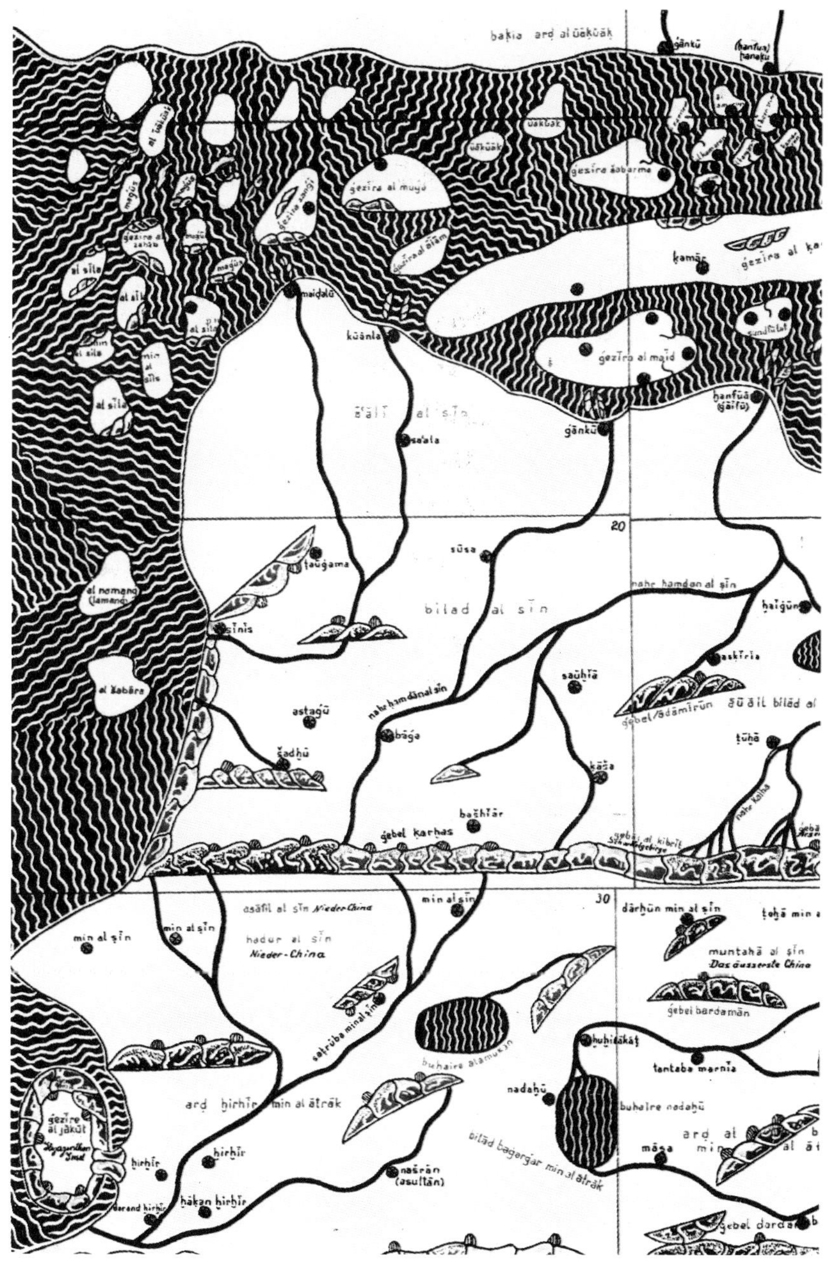

bakia ard al ūakūak
ġānkū (hanfua)hanaku
al tailiai
maġūs
ūakūak
ūakūak
gezira al muyu
gezira ġabarma
ġezira sangī
ġamār
ġezira al ka
gezira al zahab
maġūs
maġūs
ġazīra al aiam
al sīla
maidalū
al ait
gundulai
al sīla
kūanla
ġezīra al majd
min al sīla
hanfua(ġaifū)
al sīla
ʒ'ālī al sīn
gānkū
sa'ala
20
al namana (lamana)
ġaūġama
sūsa
nahr hamdan al sīn
haiġūn
bilad al sīn
sīnis
askīria
al xabāra
saūhīā
ġebel ʒadāmirūn zūʒil bilad al
astaġū
nahr hamdūnalsīn
ṭūhā
ʒadhū
bāġa
kāʒa
nahr kalha
baʒhīār
ġebel karhas
ġebel al kibrīt
30
asāfil al sīn Nieder-China
min al sīn
dārhūn min al sīn
ṭohā min a
min al sīn
min al sīn
hadur al sīn
Nieder-China
muntahā al sīn
Das äusserste China
ġebel bardamān
satruba minal tīm
buhaire alamuxin
huhidakāt
tantaba marnia
gezīre al jākūt
ard hirhīr min al ātrāk
nadahū
buhaire nadahū
ard al
hirhīr
māsa min al āt
ġerand hirhīr
hirhīr
bilād baġerġar min al ātrāk
hākan hirhīr
nasrān (asultān)
ġebel dardā

▲ 1154년 아랍인이 제작한 것으로 서구에 한국이 <알 실라>로 소개된 최초의 지도

저 유럽에 소개되었다. 이에 비해서 일본은 마르코 폴로(Marco Polo)의 여행담에서 온 궁성이 황금으로 장식된 나라 'Jipanguo 일본국'이 있다고 들었다고 전했다. 16세기 지도에 표기된 일본의 존재와 모습 역시 애매했다.

하멜 일행의 표류

14세기 중엽 십자군 전쟁이 카톨릭 세력의 패배로 끝나면서 '비단 행상로'가 끊기고, 아랍 상인의 중국 행상도 일단 막을 내렸다. 육로 행상이 불가능해지자 유럽은 곧바로 해상 통상로를 찾기에 온갖 노력을 다했고 속속 찾아낸 지역을 식민지나 통상 교류지로 확장하면서, 교황청은 새로 발견한 영토에 선교자를 보내는 정책도 겸했다. 15세기 말부터 예수회 선교자들은 인도, 중국은 물론, 16세기 초에는 프란시스코 사비에 신부가 일본의 한 섬에 들어가 선교할 수 있는 허락을 얻으면서부터 일본과 인근 지역에 대한 정보를 본국 수도원에 알리는 한편, 스페인, 포르투갈은 이미 활발한 무역을 하는 중이었다. 임진왜란을 계기로 잊혀졌던 조선왕국이 다시 유럽에 알려진 시기도 바로 이때였고 16세기 초에 조선인 포로가 중국. 인도를 거쳐 유럽에까지 팔려 오게 되었다.

물론 나라, 출판사, 지도 제작자에 따라 그 지도가 당시의 가장 새로운 정보를 표기했는지도 고려해야 되지만, 지금까지 간접적으로만 알려졌던 한국이 유럽에 처음으로 목격자의 체험을 토대로 알려지게 된 것은 네덜란드 선원이었던 하멜(Hamel)에 의해서라고 우리는 알고 있다. 하멜과 일행이 억류되어 지내다가 극적으로 탈출해 일본으로 넘어갔다가 본국에 돌아가서 쓴 보고서 형식의 하멜표

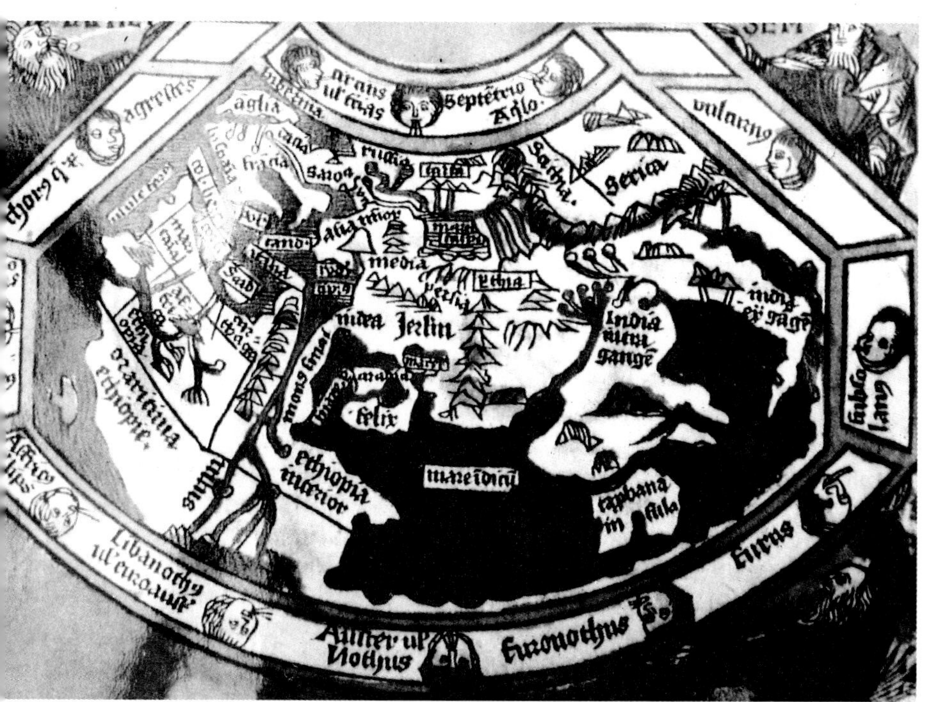

▲ *1492년 프톨레메이 클라우디우스의 세계지도.*

본으로 넘어갔다가 본국에 돌아가서 쓴 보고서 형식의 하멜표류기 이다.

하멜과 일행 8명은 사생을 걸고 조선 탈출을 시도해서 1666년 9월 14일 일본 나가사키에 도착했다. 조선의 현황을 자세히 알기 위해 왜국은 이들을 오랜 기간 신문을 했고 본국에 송환되기를 기다리면서 하멜은 네덜란드 본국의 상사에 자신과 그 일행이 조선에 억류되었을 때부터 밀린 급료며 손해배상을 청구하기 위한 보고서를 작성했다. 이 보고서 형식으로 쓰인 하멜표류기가 암스테르담과 로테르담에서 책으로 발간되었고 이 책은 당시, 즉 17세기 말까지 조선을 직접 보고 간 유럽인이 처음으로 유럽에 한국을 알린 유일한 단행본임에 틀림없다.

9세기에는 황금의 나라, 환상의 나라로

단편적으로나마 우리나라의 존재가 유럽 문헌에 나타난 때는 이보다 훨씬 앞선, 9세기부터이다. 물론 이때 한국의 존재와 한국에 관한 소개 내용은 아주 부정확하고 거의 환상에 가까운 소개까지 겸하고 있어서 사실성이 적은 데다가 지도상의 위치며 모습 역시 추상적으로 표기되어 있다. 그러나 우리에게 중요한 사실은 10세기 전에 이미 한국의 존재가 유럽 학계에 알려졌다는 것이다. 앞으로 더 자세히 언급을 하겠지만 이처럼 일찍부터 우리나라가 지도에 표기되고 소개 내용까지 저서들에 나타났는데도, 훨씬 후인 14세기, 마르코 폴로에 의해 '지판구'라고 알려지기 시작한 일본은 그후부터 유럽인의 지대한 관심사로 연구가 지속되어 15세기의 유럽 지도에는 항상 일본이 표기되어 나타나는 반면에 한국은 16세기까지도 유럽 지도에서 거의 찾아볼 수 없다.

다시 상세하게 소개가 되겠지만 아랍의 지리학자가 만든 단 한 편의 지도가 예외인데 이 지도 원본은 전해지지 않고 사본마저도 찾아보기가 힘든 희귀본이다.

한국이 유럽에 처음으로 알려지게 된 것은 851년 중국과 무역 행상을 마치고 귀국한 아랍 상인의 행상 여행기에서였다. 당시 이 아랍인들이 한국에 직접 가서 본 것이 아니라, 중국에서 간접적인 정보를 얻어 다시 유럽 세계에 전한 것이기 때문에 진술 자체가 무척 애매할 뿐만 아니라 추상적인 내용도 상당히 포함되어 있다. 따라서 한국의 모양과 위치는 거의 상상에 의한 것이라고 볼 수 있겠다.

아랍 상인 슬라이만(Sulaiman)은 "중국의 해안에 근접한 '신라'라는 섬나라가 있다. 그 나라 사람들은 주로

▲ 중국대륙과 일본만 있고 한국이 없는, 1550년 제작의 지도

▲ 1550년 스위스에서 제작(뮌스터 작), 중국 맞은 편에 일본이 있고 그 사이에 섬이 있으나 한국이라고 단정하기는 어렵다.

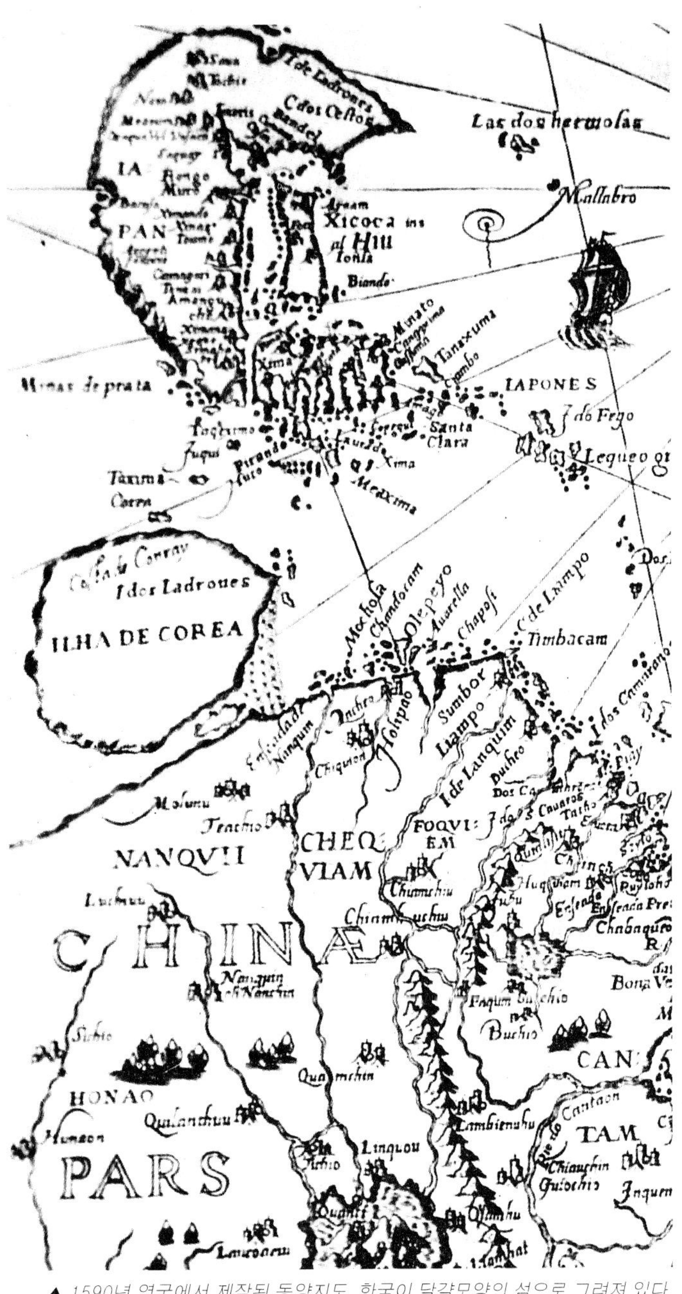

▲ 1590년 영국에서 제작된 동양지도. 한국이 달걀모양의 섬으로 그려져 있다.

▲ 1612년경 제작된 세계지도에 고추 모양의 섬나라로 그려져 있는 지도. J · 블리우 제작

흰 옷을 입으며, 중국의 황제에게 조공을 바치는데 조공을 바치지 않으면 그 해에 비가 오지 않는다고 믿는다. 지금까지 한 명의 아랍인도 그 나라에 간 적이 없어서 신라라는 민족에 대해서는 자세히 알 수가 없다"라고 신라를 소개했다.

50여 년 후 또 다른 아랍인 이벤 코르다베(Ibn Kordabhe)가 쓴 중국 교역서에서 신라에 관한 간접적인 소개가 나온다. 이 교역서에 의하면 "중국의 먼 반대편에 잘 알려지지 않은 나라가 있는데, 신라라고 칭한다. 그곳에는 산림이 무성하고, 황금이 많다고 한다. 이 나라를 찾는 마호메트인들은 그곳에 반해서 다시 돌아오려고 하지 않는다. 신라의 주생산물은 인삼, 마늘, 못, 안장, 약품, 도자기, 지도, 계피 등이다"라고 씌어 있다. 이는 거의 사실에 가까울 뿐 아니라 위의 언급을 빌리면 통일신라 때에 서양인이라고 간주할 수 있는 아랍 상인들은 조선국과의 접촉이 더러 있었고 나아가서는 한반도에 머물기까지 한 경우도 있었다고 추측한다면 크게 빗나가지는 않는다.

또한 947년 아랍인 마수디(Mashudi)는 그의 사금 채취에 관한 책에서 위와 비슷한 내용으로 신라, 즉 한국을 소개했다. 역시 우리의 추정을 뒷받침하기에 충분한 그 내용은 나음과 같다.

"중국의 해상에 근접한 왕국은 없는 듯하나, 의외로 한 큰 섬나라 왕국인 '신라'라는 나라가 있다고 한다. 이 나라를 방문하는 외국인의 수는 극히 적지만 일단 입국만 하면 다시 돌아오지 않는다. 왜냐하면 그곳의 공기와 강물은 한없이 맑고 신선하며 농토가 비옥하고 온갖 산물이 풍요롭기 때문이다……"

이상에서 보듯이 간접적이나마, 한국의 존재에 지대한 관심을 표명했던 아랍 상인들의 소개에서 아랍인들은 중국땅에서 행상을 하는 동안, 또한 한국과의 교역에도 깊은 관심을 가지고 있었음을 짐작할 수 있다. 이때의 한국은 역사적으로 통일신라 말기였다.

우리나라가 처음으로 서양 지도에 표기된 시기는 1154년으로, 이 지도는 아랍의 지리학자 벤 이드리시(ash-Sharif)가 만든 지도인데, 이드리시는 시칠리아 섬의 루지에르 2(Roser Ⅱ)세의 요청을 받아 팔레르모(Palermo)에서 15년에 걸쳐 이제까지 아랍인에게 알려졌던 행상로를 바탕으로 세계지도를 은판에 제작했던 것이다. 이 지도에는 한국의 위치가 집단 섬국의 'al Sila'라는 형태로 표기되었는데 이 지도는 유럽에서도 가장 오래된 세계지도로 꼽히고 있다.[2]

17세기부터 반도 형태로

13세기 중반기에 로마교황청은 세계를 재패하던 칭기즈칸에게 선교 목적보다는 원정에 협조해주기를 바라는 내용의 사절단을 보냈다. 이 사절단을 인솔했던 루브룩 신부의 보고서에서, 그리고 또 반세기가 지난 뒤에 중국에 교역을 하러 갔다가 칭기즈칸의 측근에서 일하다 귀국한 베네치아 상인 마르코 폴로의 동방여행기에서 한국을 지칭하는 이름이 신라에서 'Caoli, Caule'로 중국어 발음에 가까운 '고려'로 바뀌었으나, 더 이상의 자세한 한국에 대한 소개는 없었다.

---

2) 이때까지 일본의 존재나 명칭은 알려지지 않았음.

▲ 1617년 폴란드에서 빌헬름 블로가 제작한 동양지도로 역시 조선이 섬으로 그려져 있다.

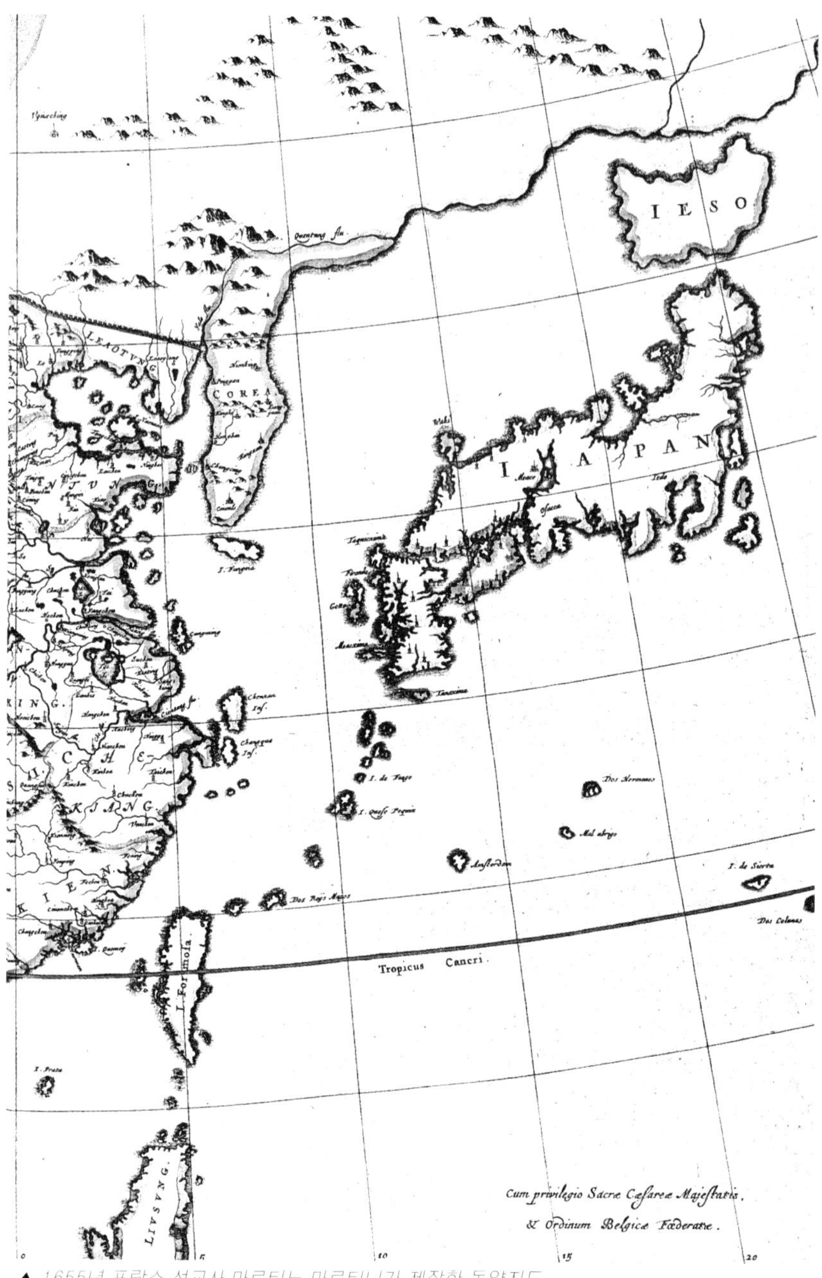

▲ 1655년 프랑스 선교사 마르티노 마르티니가 제작한 동양지도

15세기에 들어서면서 스페인과 포르투갈은 해상 통로를 찾기 위해 피나는 노력 끝에 인도와 아메리카를 찾아서 식민지를 만들기 시작했으며 선교 활동에도 주력했다. 유럽에 본부를 둔 예수회 선교사들이 중국과 인도, 일본 등에서 활약하면서부터 한국에 관한 조사가 다시 활기를 띠게 되었다. 1592년 임진왜란을 거치면서 조선이 다시 유럽 문헌에 자주 등장하게 되었다. 지금까지 섬나라로 알려진 조선이 1598년 영국에서 발행된 세계여행 저서에서 '조선왕국은 섬이 아니라 반도'일 가능성이 더 높다고 조심스럽게 의견을 제출하면서도 지도에는 조선을 여전히 타원형으로 표기했다. 여하튼 저자인 린쇼텐은 조선을 반도라고 주장한 첫 학설을 내놓았다.

타원형이나 고추처럼 길쭉했던 한국의 모양이 현재의 형태로 체계를 갖추게 되었다. 그러나 한국에 관한 17세기까지의 연구 결과는 대개 아랍 상인들과 천주교 선교사들에 의존한 것으로 어디까지나 간접적인 보고에 그치고 말았다.

유럽인들의 끊임없는 미지에 대한 탐험욕은 인도와 아메리카의 발견, 마젤란에 의한 북극 항로 통과 등으로 세계 행상의 지역을 더욱 넓혀 인도, 중국, 일본과의 교역이 나름대로 활발했다.

그 즈음 네덜란드선박 '스펠버'의 선원인 하멜(Hendrick Hamel, 1653~1663년 조선 억류)이 조선에서 13년간 억류 생활을 하다가 극적으로 일본으로 탈출할 수 있었고, 그 후 본국에 도착한 해에 하멜표류기를 발간하였

다. 하멜표류기는 유럽인으로서는 가장 먼저 조선을 체험
한 증언이었기에 이 저서가 유럽을 흥분의 도가니로 몰아
넣기에 충분했다. 이제 아시아 동쪽에 있는 미지의 한 나
라를 발견했다는 사실이 유럽에 커다란 관심을 몰고 왔다.
하멜표류기 가 같은 해에 네덜란드의 여러 지역에서 속속
발간되었으며, 곧 이어 인접 유럽 국가에서도 프랑스어,
독어, 영어 등 번역판이 속출했다는 사실은 그 관심의 정
도가 어떠했는지 짐작할 수 있게 한다.[3]

조선의 쇄국정치로 인해 억류 생활을 했던 하멜과 그의
일행은 경우에 따라서 약간의 행동의 자유가 부여되었을
때도 있었지만 다른 지역으로 여행을 할 수 있는 자유는
없었다. 따라서 하멜은 그들 일행이 제주도에서 서울로 압
송되는 동안에 보고 느낀 체험을 토대로 극히 제한된 사실
만을 전해주고 있긴 하지만, 반면에 역사, 지리, 형법, 사
회제도 등에 대해서는 꽤 성실한 내용을 전함으로써 조선
이 실제로 존재한다는 것을 전세계에 알리게 되었다.

홀 대위의 서해안 탐사

17 세기 말부터 19 세기 중엽까지 조선을 탐험한 유럽
사람은 정말 몇 사람이나 되는가. 유럽에서는 미지 세계
중에서도 한국을 탐구하려는 노력이 실제로나 학문적으
로 끊임없이 모색되었지만 조선의 완강한 쇄국정책 때문
에 얻은 결과는 거의 없었다. 19세기 초에 들어서야 비로
소 인도와 중국의 해상로를 장악한 유럽 국가들이 군함을
동원해서 탐사에 나섰으며 그 결과가 문헌으로 정립되기

---

3) 독어판, Wahrhaftige Beschreibengen derer m chtigen K nigreiche,
   Japan, Siam und Corea , N rnberg. 1672. (특별참조/ 이병도, 하멜
   표류기 , 1954, 일조각)

▲ 1700년경 F 빛 제작의 중국지도 조선이 반도로 그려졌다.

▲ 1760년경 라틴어로 제작된 중국지도에서 본 조선의 모양과 위치

에 이르렀다.[4]

서해안을 조사하기 위해 1800년 제물포 앞바다에 함정을 세워두고 상륙한 홀(Basil Hall) 해군 대위가 소개한 한국 내부에 관한 내용은 너무도 부족했다.

조선사람들은 호기심에 찬 모습으로 홀 대위 일행의 주위를 빙빙 돌기만 했지 별로 악의는 없었고 뭍에서 물과 식량을 준비하는 동안에는 제물포 최고 관리와 꽤 친밀한 접촉이 있었다. 이 원로한 부사는 새로운 문물에 흥미를 갖고 있는 한편, 학식이 풍부해 보였고 직접 영국 군함에 올라와서 구경도 하고 유럽 음식과 포도주를 즐기면서 중국어와 한자를 사용해 서로 의사를 소통했다고 후에 전했다.

이러한 우호적인 접촉도 잠시였을 뿐 홀 대위는 곧바로 출국을 강요받았으므로 더 이상 육지에 대해서 조사할 시간 여유가 없었다. 그렇지만 홀의 서해안 탐사 지도만은 비교적 성공적이었다. 그로부터 반 세기 후에 독일인 오페르트(Ernest Oppert)가 서해안으로 들어와서 1860년 경 두 차례나 조선과의 통상 교류를 제의했다가 매번 조정의 반대로 실패하자 세 번째로는 프랑스 함정을 이용해서 역시 제물포를 거쳐 한강 지류를 타고 직접 서울까지 접근하려고 했다. 이때 오페르트는 내원군의 부친 남언군 묘를 도굴하는 등 횡포를 부리다가 조선군의 반격이 두려워 계획을 다 이루지 못하고 물러갔다. 이 사건은 결국 국제적 물의를 빚는 결과를 초래했고 그는 본국 독일 프로이센에

---

4) 몇 가지 예를 들어보자. Basil Hall Account a voyage of Discovery to the West coast of Korea the Great Loo—Choo Island. London, 1918년 재판. 독어판, Weimar, 1919.
Oppert, Das unerschlossene Land Korea London, 1880.

▲ 17세기 후반 암스텔담, 얀 코벤스와 코르넬리 모르티엘 출판의 인도와 중국지도에서 본 조선

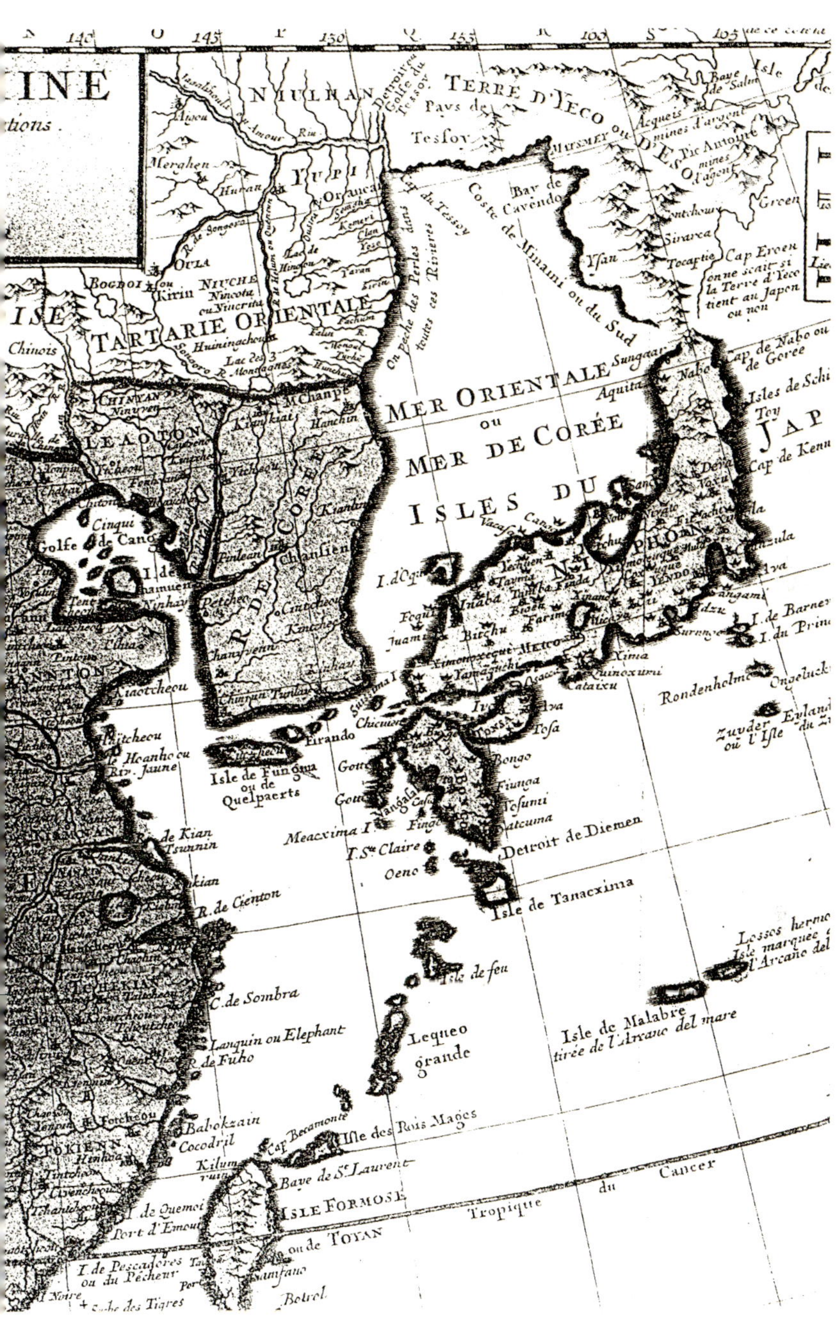

CHINE
tions.
NIULHAN
TERRE D'YECO ou D'IESO
Pays de Tessoy
Detroit ou Golfe du Tessoy
Bave de Salm
Isle de
Acqueis
Pic Antone mines d'agent
Green
YUPI
D'Orancae
MURSMEY ou D'IESO
Bay de Cavendo
Coste de Minami ou du Sud
Sinarca
Ysan
Tocaptie
Cap Ercen on ne scait si la Terre d'Yeco tient au Japon ou non
TARTARIE ORIENTALE
NIUCHE
OULA
Kirin
Bognoi hou
Lac des 3
On peche des Perles dans toutes ces Rivieres du Tessoy
MER ORIENTALE ou MER DE CORÉE
Sungaar
Cap de Nabo ou de Goree
Nabo
Aquita
Isles de Schi
Toy
JAP
LEAOTON
Kanikiai
Hanchin
Chanpe
ISLES DU
Cap de Kenn
Deva
Naxu
Vacafa
Canj
NIPHON
Cinqui
Golfe de Cang
I de
Kiandu
I. d'Ogi
Yechten
Taymi
Bisen
Farim
I de Barne
I. du Prin
Chanlien
Petchee
Cintcheou
Kintchee
Fequi
Nuaba
Birchu
Juami
Ximonocequi
Yamaguchi
METRO
Xima
Quinoxumi
Cataixu
Rondenholme
Onseluck
Zuvder Evland ou l'Isle du Zi
Tunlae
Chinpin
Suttuma I.
Iva
Iva
Tosa
Kiaotcheou
Chicuien
Bongo
Hiutcheou
le Hoanho ou Riv. Jaune
Firando
Gotto
Fiunga
Isle de Fungma ou de Quelpaerts
Goue
Nangala
Tosuni
Matcuma
R. de Kian Tsunnin
Meacxima I.
Fingo
Detroit de Diemen
T. Ste Claire
Oeno
Isle de Tanacxima
R. de Cienton
Isle de feu
Lossos hermo Isle marquee l'Arcano del
C. de Sombra
Lanquin ou Elephant de Fuho
Lequeo grande
Isle de Malabre tirée de l'Arcano del mare
Babokzain
Cocodril
Cap Becamonte
Isle des Rois Mages
FOKIEN
Hinhua
Kilum
Bave de St Laurent
Tropique du Cancer
ISLE FORMOSE ou de TOYAN
I. de Pescadores ou du Pecheur
Botrel

▲ 1791년 단 빛제 제작의 중국과 조선

송환되었다. 오페르트는 통상 협상을 하기 위해서 무력까지 동원했던 노력이 허사가 되자 좌절감이 서려 있기는 하지만 나름대로 1880년 '쇄국의 나라 한국'에 대한 책을 펴냈는데 유럽 학계에 한국에 관한 관심을 불러 일으킬 만큼 충분한 내용이었다.

늦은 개항과 일본 문헌의 왜곡

일본과 강제로 제물포조약을 맺고 10여 년 후부터 급변하는 세계 정세에 휩쓸리게 된 조선은 미국을 위시하여 각 유럽국과 개항 및 교역 협정을 체결하게 되었다. 그에 따라 중국 본토, 만주, 소련을 통해서나 미국, 일본을 거쳐서 조선에 입국하는 유럽인의 수가 늘어났다. 그들은 본국에 돌아가서 실제로 보고 체험한 것을 토대로 독자적인 한국

▲ 조선왕국 불어판 지도. 이 지도는 중국에서 선교활동을 하던 예수회 신부 레기스가 조선에 다녀오는 중국 사신들의 협조로 조선에서 만들어진 조선국의 지도를 바탕으로 해서 중국에서 제작. 1718년에 출간한 것을 1735년 프랑스에서 두 할데가 '중국' 이라는 저서에 사용했던 지도로 조선의 모습이 현재 지도와 꽤 가깝게 표기된 형태로 서양에 알려진 첫 지도인 만큼 중요성이 높다. 다만 이 지도상에는 서해안이 서쪽으로 약 2도 더 멀리 표기되었다.

여행 견문기를 펴내거나, 일간지 또는 정기 월간 잡지, 학회지 등에 발표했다.

　한국의 역사, 종교, 문화, 경제 산업 등에 관한 자료는 주로 일본 문헌에 근거했기 때문에 지금까지도 왜곡되어 전해진 한국의 모습이 유럽인의 인식에 고정되어 있음을 자주 볼 수 있다. 그러나 이 책의 목적은 독일 문헌에 나타난 조선 견문기를 통해서 서양인, 특히 독일 사람들이 실제로 보고 느낀 '조선 모습'을 옮기는 데 있기 때문에 사실의 옳고 그름을 가리는 것은 여기에서 제외했다.

　19세기 말 조선왕조의 군주 정치는 전세계의 정세에 의해서 새로운 정치 시각을 요구받던 때였다. 서구는 산업혁명의 영향으로 생산품 판로를 찾기 위해 '경제 식민지'를 넓혔으며, 경우에 따라 무력을 이용하기도 했다.[5] 1882년 한·미통상우호조약이 맺어지자 미국, 캐나다에서 신교 선교사들이 앞다투어 한국에 들어와 선교활동과 개화에 앞장을 섰다. 한편 돈을 벌기 위해서 왔거나 혹은 조선 조정에서 부여한 특정 직업인들을 포함하여 당시 서울에 체류했던 유럽인들은 1902년에 미국인을 포함하여 60여 명이었고 그중 독일인이 7명이었다.

---

5) 1866년 미국 함정 셔먼호, 병인양요, 1871년 미함대 강화연안 기습 등을 예로 들 수 있다.
6) 고종황제의 시의였던 독일인 분쉬박사의 양친 서간, 1901.12.7일자에서

그림으로 전한 조선왕국
– 신문 잡지 책에 소개된 수채화와 목판화 –

서양에 인쇄술이 발견되면서 종교개혁자인 마르틴 루터가 라틴어 성서를 독일말로 번역하기 시작했고, 당시의 책에는 목판화를 삽입했다. 오랫동안 사용할 수 없는 목판화에서 주로 오래 사용할 수 있는 동판화로, 아직도 사진 기술이 널리 알려지지 않은 19세기의 간행물에는 출판사에 따라 각기 다르게 평판화, 요판화, 목판화를 선택헤 책에 그림을 삽입했다. 19 세기 말에 사진술이 발명되기까지는 여행자가 보고 온 풍물이나 인물을 구두로 묘사하면 삽화를 그리는 화가가 진술에 의한 상상도를 판에 새겨 삽화로 출간했기 때문에 실물에 가깝기 보다는 때로는 불확실하고 우스깡스러운 그림이 자주 보인다. 여행을 다녀 온 저자가 그곳에서 직접 그린 그림 역시도 원본대로 출판된 경우를 제외하고는 다시 판에 새기는 과정에서 실제와 약간 다른 모습의 그림을 볼 수 있다.

본장에 소개하는 다음 그림들은 바로 1 세기 전 유럽인들이 조선을 견문하고 그린 그림으로 주로 견문기나 신문·잡지에 특집으로 꾸몄던 삽화와 사진을 대신했던 목판화 등을 모은 것들이다.

▲ 광화문 수채화. 1910년 경. 마리 폰 분젠(Maire von Bunsen) 그림. 마리 폰 분젠은 자그마한 작위를 받은 귀족 가문 태생으로 20세기 초 미지의 동양여행을 시도한 흔하지 않은 당시의 여성 여행자였다. 대부분 서양 여행자의 여로였던 미국행 유람선을 타고 일본에 들렸다. 중국으로 떠나는 선박이 조선 제물포항에 머물 때 2~3일간을 이용해서 서울을 구경하면서 그린 수채화로 분젠이 독일 라이프찌히에서 1934년 발간된 ' 극동. 일본. 한국. 중국 등 여행 중의 인상과 그림' 에 들어 있다.

◀ 애쏜 써드의 <조선견문기>가 수록된, 상해에서 발행한<극동아시아> 잡지(1902년)의 표지

▲ 고종황제 초상 .수채화. 1899년. 영국 런던 발행. 서양에 알려진 고종황제는 총명하고
어진 '조선왕국의 지배자' 로 호평을 받은 국왕이다. 그래서인지 역시 자비스러운 인상을
풍기는 이 초상화는 1899년에 국왕을 알현하고 온 저자가 그렸다기 보다는 삽화가를 시켜
그린듯 황룡포에 관을 쓰고 장난기가 있는 웃음을 띄고 있다.

Zwei-Bäume-Berg, Insel Kang-wha.

▲ "두 나무가 있는 산" 으로 소개된 강화도에 있는 산

▼ 조선의 고기잡이 배

▲ 빵을 처음 먹어 보는 아이들(1894년 영국 신문)

▼ 한 영국인이 소개한 , 얼음 위를 걸어가는 나막신, 지게, 갓쓴이 등 갖가지 한강 위의 풍물들

▲ 무당그림. 목판화에 채색 1894년 조선의 무당은 서양여행객들에게는 미신으로
만 보였다. 그래서 조선사람들은 수없이 많은 신을 모시고 있는 줄로 안다.

▲ 조선의 남자상 목판화에 채색 1894년

▲ 긴 담뱃대를 물고 있는 훈장(1880년 경)

▲ 조선의 어부(1880년경 그림)

▶ 사대부놀이
로 소개된 시조
읊는 양반들

▼ 경복궁 안에서의 '신선놀음'(1886년 독일 신문)

▲ 비단 두루마기 차림의 여인

▲ 조선말기 군장의 모습

▲ 서해안 제물포 앞바다의 거센
파도를 묘사한 채색 수채화

◀ 초가 농가의 안마당 채색화

▲ 조선을 처음 찾은 이방인이 지방관헌과 필담하는 모습의 그림. 1880년경

▶ 대조선 504년(1895년)의 소인이 찍힌 우편엽서. 수신인인 에드워드 마이어씨는 독일상인으로 19세기 말 제물포에 세창양행이라는 백화점을 차렸다. 한독외교협정을 체결한 후 독일은 재일본 공사가 조선의 외교까지 책임을 질 때였기 때문에 먼저 자리를 잡고 무역상을 하고 있던 마이어씨가 명예영사역을 하면서 독일에서 오는 온갖 외교손님 접대를 도맡았다.

▲ 1896년, '카톨릭 미션'에 실린 조선의 풍물에 관한 삽화

▲ 하인과 기녀에서부터 고관에 이르기까지의 여러 부류의 모습을 소개한 삽화

▲ 군대행렬. 목판화에 채색. 1894년. 조선을 찾았던 서양인들은 한결같이 기이한 풍물로 조선이 구식 군대와 신식군대를 들었다. 구식병졸의 의복과 소총을 거꾸로 둘러메고 할 일 없이 시내를 돌아 다니는 모습이나 중국과 일본식으로 훈련을 받고 있는 신식군복을 입은 조선병졸의 우스깡스런 태도를 자상하게 소개하기도 했다.

▲ 기녀

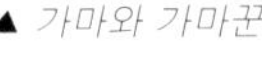

▲ 가마와 가마꾼

▲ 여인의 나들이

▲ 물장수

조선을 다녀간 첫 서방인

-1653년, 하멜의 일지 -

정확한 의미에서 보면 하멜 일행은 조선을 다녀간 첫 이방인들이 아니다. 하멜 일행보다 먼저 조선국에 발을 들여놓은 서양인들은 예수교 신부로 일본에서 선교 활동을 하다가 임진왜란 때 종군신부로 조선땅을 밟았던 스페인 태생 세스페데스 신부, 하멜처럼 조선 해안에 표류되었다가 억류 생활을 하면서 생을 마친 우리에게 박연으로 알려진 네덜란드인 벨테브레, 이들은 우리에게 그런 대로 알려진 인물들이다. 그러나 우리에게 전혀 알려지지 않았지만 조선땅을 찾았다가 돌아간 유럽인들이 간혹 유럽 문헌에 소개된다. 그중 한 명이 영국 귀족 애덤 아로슈미트이다. 아로슈미트는 일찍 부모를 여의고 사관학교를 졸업한 후 타의에 의해서 신학교에 들어갔다가 말썽이 잦아 퇴학을 당했다. 그후 이리저리 할 일없이 생활을 하던 중 예수회 선교회의 마테오 리치 신부의 추천으로 중국(명나라) 군대의 장교로서 교련관 임무를 받는다. 그러다가 청나라가 조선을 침입할 때 군대를 몰고 조선에 입국하게 되었다. 임진왜란이 끝난 지 얼마되지 않았던 때였다. 그런데도 이들이 남긴 보고나 소개가 문헌에 없어서 우리는 그저 모르고 지날뿐이다.

　　하멜의 '조선왕국 표류기'는 이런 의미에서는 우리에게 더욱 가치가 있기 때문에 하멜 일행의 '불운'과 조선의 '행운'을 여기서 간단히 살펴본다.

　　네덜란드 상선 스페르버호가 1653년 6월 18일 자바의 바타비아항을 떠나서 대만에 도착한 것은 7월 16일이었다. 배를 점검하고 선원들이 잠시 휴식을 취한 뒤 7월 30일 일본을 향해서 출발했으나 풍랑을 만난 하멜과 그 일행을 실은 스페르버호가 제주(당시 유럽명: 퀼파트 Quelpart) 앞바다에서 표류되었다. 표류 17일 만에 하멜 일행은 제주 원주민에 의해서 관가에 알려지고 곧 이어 2, 3백 명의 병졸에게 인솔되었다. 잔류 선원 36명은 일단 물과 음식의 공급으로 배고픔을 면한 후 발과 목에 쇠사슬이 채워진 채 관아로 끌려갔다. 제주 목사는 이 사실을 즉시 서울 조정에 알리고 회답을 기다리고 있었는데 그 사이

에 제주 목사와 하멜 일행 사이에는 우호적인 교류가 오가고 있었다. 그 해 10월 29일 서울에서 같은 네덜란드 사람 벨테브레[7]가 내려와서 하멜 일행과 만나게 되고 통역관 역할을 했다.

한편 기다리던 서울 조정으로부터의 회답은 오지 않고 대신 현재 재임중인 목사의 임기가 끝나서 새로운 목사가 부임하게 되었는데, 새 목사는 표류된 선원들을 가엾게 여기는 기색이 없이 혹독하게 대하였다. 하멜 일행은 탈출을 시도하다가 다시 잡히게 되어 각 25 대의 형을 받았으며 음식의 배급량이 줄어들었다.

다음 해 5월 하멜 일행을 서울로 압송하라는 왕명에 의해서 배 4 척에 나누어 타고 제주도를 출발, 해남에 도착한 뒤 육로로 전남 전북 (전주, 여산) 충청도 공주, 그리고 금강을 건너 한참을 간 뒤 경기도로 들어가 또 한강을 건

7) Jan Janszon Weltevree, 1627년 표류됨. 그후 한국에서의 억류 생활 중 결혼하고 자매가 있었다 함.

너 왕이 사는 서울(Sioor)에 도착했다. ' 마지막으로 넘은 이 강은 네덜란드 도트레히트(Dortrecht)[8]에 있는 마스(Maas) 강만큼이나 크다. 제주도에서 배를 타고 도착한 곳에서부터 시작해서 우리가 지나온 육지 거리가 서울까지 약 70~75 마일은 된 듯싶다' 고 했다.

서울에 온 하멜 일행은 왕을 만나면 그들을 일본으로 보내주기를 바랐는데 조선 법으로는 일단 입국한 사람은 누구든지 다시 돌려보낼 수가 없으니 체념하고 이 곳에서 살라고 했다. 하멜 일행은 청나라 사신이 입성할 즈음 외국인의 체류를 비밀로 하기 위해서 서울에서 6.7리그 떨어져 있는 남한산성으로 가 있어야 했다. 이 성은 견고하여 병자호란 때 국왕의 피신처이기도 했으며, 때에 따라서는 중국 사신들의 거처로 쓰이기도 했으므로 언제나 약 3년 간의 양식이 준비되어 있었다. 그 해 11월은 강추위여서 한강이 꽁꽁 얼었고 그 위로 소와 말 3 백여 필이 거뜬히 지날 수 있었다고 적고 있다.

하멜과 그 일행 8명은 우리가 알고 있는 조선을 다녀간 첫 이방인들이었다. 그뿐 아니라 하멜 일행이 서울에서 머무른 기간 역시 적어도 1년은 넘었으리라 보지만 엄한 금족령이 내려졌기 때문에 서울 성안을 돌아다니면서 구경할 기회는 없었던 것 같다. 한강과 남한산성을 제외한 서울 소개에 대한 언급이 전혀 없어 유감스럽다.

이 글은 1672년 뉘른베르크에서 발간된 하멜표류기에 소개된 일부 내용이다.

---

8) 네덜란드 남부지역 소재명

일하지 않는 사람이 더 많은 나라

-1894년, 헤쎄 바르텍 -

한·미우호통상이 맺어진 다음 해인 1883년에 조선은 독일과 우호통상조약을 체결했고 그 후 차례로 유럽 다른 나라와도 국교를 맺었다. 따라서 19세기 후반부터는 이제까지 체류와 입국이 불가능했던 조선에 유럽인 여행자들이 더러 나타나기 시작했지만 아직까지 여행자 수는 극히 적었다. 당시 조선을 보고 돌아간 유럽인은 관광이라기보다 중국이나 일본을 방문하던 중 잠깐 들른 정도였고, 그 수도 아주 적었다. 또한 동양 미지의 나라를 찾아본다는 것 자체가 경비나 거리 관계상 거의 불가능했다. 유럽인들이 미지에 대한 호기심을 충족시킬 수 있는 방법은 여행 견문기나 신문지상을 통해 알려지는 견문기를 읽는 정도였다.

1894년 10월 24일 독일 라히프치히 매일신보 특집에 소개된 서울면에는 왕실, 성문, 서울 생활사가 사진과 함께 다음과 같은 내용으로 보도되어 있다: 이 기고문을 쓴 헤쎄 바르텍 씨는 그후 자신의 여행을 한국견문기 라는 제목으로 1895년에 책으로 출판하였고, 1904년 드레스덴에서 2판이 나왔다.

초가로 덮힌 주택가

프랑스의 심장이 파리인 것처럼 '동쪽의 나라' 조선의

▲ 서울 충무로 5가
에서 명동성당 쪽으로
본 초가의 주택가
(1900년대)

심장부는 전 국민 생활의 중심이 되는 수도 서울이다. 그
래서 시골사람들이 서울에 오면 성안으로 들어가기 전에
제일 먼저 하는 일은 성문 가까이에 군데 군데 있는 전당
포에서 여행 중에 때가 묻은 옷을 성안에서 어울릴 만한
옷으로 빌려 바꿔 입은 후라야 성곽으로 둘러싸인 비좁고
지저분한 거리로 들어선다.

　조선의 수도 서울은 우리 유럽인이 알고 있는 그런 도시
모습이 전혀 아니다. 번화한 도로는 전혀 없고, 겨우 있다
는 몇몇 거리라고는 상점, 노점이 겨우 설 정도의 넓이에
다가, 어느 한 곳에도 우리가 알고 있는 생산공장이라고

할 만한 것이 없다. 서울에는 커피나 차를 마실 수 있는 곳
도, 극장이나 술집도 없다.

이 곳에는 그저 작은 창문과 초가지붕을 가진 초라한 움
막집들이 비좁고 닦여지지도 않은 길거리 양쪽에 다닥다
닥 붙어 있고, 그리고 이 작은 초가집 뒤켠, 하늘도 햇빛도
볼 수 없는 곳에도 움막집들이 줄을 잇고 있을 뿐이다.

어떤 곳에는 이처럼 작은 집들이 얼마나 꼭 붙어 있는지
마치 집에 문이 없이 이 집 저 집이 모두 연결되어 있는 것
처럼 보였다.

어딜가나 일하는 남자를 볼 수 없다

서울 거리의 풍물이라고 한다면, 골목에서는 많은 아이들이 발가벗은 채 뛰어 놀고, 조선 남정네들은 긴 담뱃대를 입에 물고서 허물어진 흙담벽에 기대서 웅크리고 앉은 채 장기를 두거나, '투전' 놀이를 한다. 이것은 손가락 두께만큼 굵고 긴 기름에 절인 종이로 만들어져 있었다.

길 한쪽 구석에 있는 초라한 노점에서는 채소, 생선, 개고기와 다른 식품들을 팔기도 하고, 산채만큼 큼직한 나무를 진 나무장수들도 보이고, 채소와 저린 생선꾸러미가 오갔다. 아랍의 거리를 연상시키는 그 거리 가운데로 어쩌다 한 번씩 말을 타고 시골에서 갓 올라온 듯한 선비양반이 '육조관청'으로 거드름을 피우면서 지나가면 행인들은 감히 고개를 들지도 못 하고 길 옆으로 비켜선다.

아침 일찍부터 저녁까지, 밤이고 낮이고, 어디를 가든지
일을 하고 있는 - 짐꾼을 제외하고는 - 남자들은 보이지
않는다. 온갖 집안일은 가장 천시를 받고 있는 조선여자들
이 다 하는데, 이 세상 어디를 다녀보아도 이처럼 힘들게
사는 여자가 멸시를 당하는 곳은 없을 것이다.

서울 성안에는 조선인의 생활을 생생하게 볼 수 있는 번잡
한 대로가 두 개 있다. 북쪽에서 남쪽으로, 동쪽에서 서쪽으
로 난 길인데 이는 성문에서 성문으로 연결이 되었으며 그
거리들이 마주치게 되는 십자로가 서울의 중심부이다.

이 광장 중심부에 있는 종루에는 거대한 종이 매달려 있
는데, 이 종을 쳐서 아침과 저녁에 성문이 열리고 닫히는
것을 알린다. 이 종각 주위를 중심으로 성안에서 일어나는
소식뿐 아니라 조선 방방 곡곡에서 일어나는 온갖 풍문까

▼ 장기 두는 사람. 이
방인들에게 할 일 없
는 사람들로 보였던
장면.

지 곁들여 다시금 사방으로 퍼지는 통신망이 이루어진다.
그리고 서울에서 일어나는 온갖 사건이나 조정으로부터
새어나오는 소문들 외에도 혼사, 출생, 죽음 등 모든 이야
깃거리가 바로 이곳을 통해서 전국에 퍼지게 된다. 어느
누구든지 새로운 소식을 얻기 위해서는 이 종각이 있는 중
심부를 자주 찾아야 한다. 한국에는 신문이라고 할 만한
것도, 인쇄물도 없다. 구태여 신문이라고 할 수 있는 것은
조정에서 보낸 왕과 대신들의 포고문을 들 수 있겠는데 이
공식적인 공문도 필요한 수만큼 하루 하루 손으로 써서 배
포한다.

이 종각이 있는 사거리는 또한 서울을 비롯한 전국의 상
거래가 이루어지는 곳이다.

서울에 있는 단 한 곳인 시전 거리에는 국내에서 생산되

▶ 번화가 종로 보신
각 앞(1910년경).

▶ 노점 앞을 지나가는
장옷 입은 여인.

는 모든 상품이 판매되고 있고, 전국의 공인과 상인이 모
두 다 이곳에 몰려 있다.

여기저기서 곤장치는 풍경도

서울 거리를 구경하면서 돌아다니다보면 때로는 곤장
으로 볼기나 무릎을 두들겨패는 형벌 장면도 볼 수 있다.
이른 아침부터 저녁 늦게까지 분주하게 바쁜 서울 사람들
로 가득 찬 이 종각 주위의 경관은 조선의 어느 곳에서도
찾아볼 수 없다.

특이하게 폭이 넓다란 옷을 입고 검은 모자를 쓴 남자들
은 몇 사람씩 모여 있거나, 지붕 처마가 날아갈 듯이 높이
올라 있는 집안에서 자거나, 흥정을 하거나, 마음내키는
대로 잡담을 할 때에도 담뱃대가 입에서 떠나는 것을 본적

이 없다.

　신분이 높든 낮든, 고관에서부터 장교, 관리, 상인, 평민까지 입는 옷이 거의 비슷하다. 다만 고관직을 가진 사람들은 가슴에 직위를 알리는 흉배를 붙인다. 임금님도 평상시에는 폭이 넓은 흰 옷을 입고, 솜이 놓인 버선에 네덜란드인의 신발 같은 나막신을 신는데, 이곳의 나막신은 네덜란드인의 신발에 비해서 6~8 센티미터가 더 높다.

여인들은 결혼식 때나 호사

　조선인은 키가 크고 튼튼한 편으로 수염을 기르고 엄숙한 표정에, 조용하고 지적인 행동이 다른 동양인들에게서 볼 수 없는 유유한 인상을 준다. 한편 조선 사람들은 절대로 머리나 수염을 자르지 않는다. 대부분의 남자는 머리를 빗어서 위로 올려 묶었고 그 위에 환히 보이는 말총으로 된 모자를 쓴다. '상투'라는 것은 결혼한 남자만 틀 권리가 있고, 총각은 머리를 땋아 뒤로 늘어뜨린다. 남자는 혼인과 더불어 사회의 인정을 받으며 '총각'은 결혼할 때까지 거의 어린애 취급을 받게 되므로 모든 조선 남자는 15, 16세에 벌써 결혼을 서두른다.

　그 반면에 조선 여자들은 결혼을 하면 그 집 노예와 다름이 없다. 그지 결혼식 때나 좀 호사를 할까? 양반 가무의 여인들은 바깥 외출을 할 수 없고 항상 집에만 있어야 한다. 길거리에서 만난 여자들은 모두가 하층 신분이나 기생이었다. 조선에는 사람들이 기분을 풀 수 있는 극장이 없기 때문에 대신 기녀들을 집으로 부른다. 국왕도 가무를 좋아해서 궁궐에 기녀나 악공들을 두고 일 년에 몇 차례씩 연회를 베푼다. 연주를 하는 악공들은 국왕의 행차 때에도 따라다닌다.

▲ 화관무를 추는 권반의 기녀들

▼ 여흥의 흥을 돋우는 악공

조선의 음악은 아름다워

한국의 음악을 유럽인들은 대체로 중국이나 일본음악과 같다고 여기는데, 조선 음악이 훨씬 아름답다. 나도 서울에서 머무르는 동안에 서민들이 노래를 하거나 춤을 추는 것을 가끔 볼 기회가 있었는데 이 모두가 우리나라에서 대학생들이 즐기는 유흥음악과 비슷했다.

복잡하고 큼직한 머리를 얹은 기녀가 집안에서 춤을 추고 노래(굿)를 하는 동안에 길거리에서는 이집트 다마스코 시에서나 볼 수 있는 것처럼 높이 치켜올라간 지붕 밑에서 옛날 이야기를 들려주거나 재주를 보여주기도 한다. 들려주는 이야기나 선을 보이는 재주가 관중을 사로잡을 만큼 재미있으면, 군중 사이에 돌리는 모자에도 그만큼 동전이 더 많이 모인다.

조선에서는 '지불'을 하기 위해서 질이 형편 없이 나쁜 구리 동전을 주로 쓴다. 이 동전은 중간에 구멍이 뚫려 있

는데 이는 운반할 때 간편하게 줄로 꿰매기 위해서이다. 얼마 전에 조정에서 가운데를 청색으로 칠보를 입힌 은전을 만들어 보급하려고 했으나 실패 하고, 지금은 더 나쁜 쇠 동전을 계속 사용하고 있다. 독일 돈 1마르크를 바꾸려면 1천5백 대 1로 바꾼 동전무게가 가히 1.5 킬로그램이나 된다. 국내 여행을 하기 위해서 우리 돈 50, 60마르크를 환불하는 경우, 그 무게나 부피가 얼마나 되는지 싣고 가는 나귀 한 마리의 힘이 겨울 정도라면, 상상하기에 별로 어렵지 않겠다. 그리고 나귀 등에 이 무거운 돈 짐을 싣고 '행차하는 우리 유럽 여행자'들의 우스꽝스러운 모습을 상상해보라!

이 글은 1894년 독일 라이프치히 사진과 함께 보는 매일신문에 실린 <Strassen-leben in der Hauptstadt Korea aus Illustrierte Zeitung>, Ernst v. Hesse-Wartegg의 기고문이다.

시간이 남아도는 선비의 도시

- 1902년, 에쏜 써드 -

서울은 인구 20만, 조선의 심장

조선의 서울은 수도라는 뜻인데, 예를 들면 중국의 수도는 베이징, 도쿄는 일본의 수도인 것처럼 서울이라는 어휘 자체가 일반적인 수도라는 개념이지만 조선에서는 수도 이름이 '서울'이기도 하다. 서울이란 단어나 의미가 어디에서 유래했는지에 대해서는 의견이 구구하다. 한편에서는 인도에서부터 약 서기 원년에 조선으로 들어왔다고 하며, 다른 의견으로는 조선 자체에 이미 있었다고들 하지만 원주민들인 조선 사람들은 서울이라는 단어의 유래를 알려고 애쓰지 않는다. 도대체 그 뜻을 안다고 해서 세상살이에 특별히 유익한 점도 없을 테니 말이다.

제물포(지금의 인천)에서 동쪽으로 28마일 거리에 있는 서울은 여하튼 매우 아름다운 언덕 지역에 있으며 인구는 20만여 명에, 5백10여 년이나 수도 역할을 하고 있다.

서울은 대부분이 돌로 된 성곽으로 둘러싸어 있는데 이 성곽은 1396년에 수축된 것으로 높이는 대체로 20척이며 성곽의 일부는 지붕으로 덮여 있고, 성벽 맨 위는 수평선을 이루고 있는데 산등성이를 올라가며 있는 성벽의 높이는 실제 아래 낮은 곳에 있는 담보다 더 낮아 보인다. 이

성곽 건축물은 옛 조선 사람들이 얼마나 뛰어난 재능과 강한 의지력을 가지고 있는 민족임을 잘 나타내는 산 증거물이다.

   서울은 조선 사람의 심장으로 옛날이나 지금이나 지(知)의 근거지이다. 임금님은 궁 안에서 백성을 다스리고 국왕

▲ 북한산성 성곽을 따라 산책 중 휴식(1904년)

곁에는 출중한 인물들이 많이 있었는데, 이중에는 지금도 살고 있으면서 왕을 보필하기도 하고 이미 세상을 뜬 지 오래된 사람도 있다.

궁내의 아름다운 전경 중 하나인 근정전(저자: 알현궁)은 한가운데에 하늘까지 닿을 만큼 높이 치켜든 지붕을 이고 있다. 이 궁은 조선에서 귀하고 중요한 것이 다 모여 있는 곳이기도 하며 자연스럽게 조화가 이루어진 뒷산을 배경으로 하여 더욱 아름답다.

수 천의 신을 모시는 서울

땅이 인간을 지켜준다고 믿는 풍수지리설에 의해서 지금의 서울이 도읍지로 정해졌다지만, 조선 사람만이 믿고 숭배하는 이 풍수지리설이 어떤 의미를 갖고 있는지는 사

실상 설명하기가 어렵다. 또한 조선 사람이 가지고 있는 많은 신령을 우리 이방인 중 어느 누구도 실제로 경험할 기회가 없었다. 일부 서구(西歐)의 학자들이 조선에는 종교가 없다고 주장하는데 이는 조선에 '신전'이라고 할 절 (Temple)이 보이지 않기 때문이다. 그렇지만 서울에서만 보더라도 수천의 신을 모시고 있는데, 즉 산신(山神), 하천신(河川神), 부엌신, 문신(門神), 옷신(衣神), 물신 (水神), 기둥신(住神), 바람신(風神), 여인상의 괴물 (Harphen : 여자모습에 날개가 있고 새의 발톱을 가진 괴물), 유령, 도깨비 등이 여기에 속하며 이 많은 신들은 이 나라 사람이 먹는 음식을 받아 먹고 산다.

연말이 되면 서울은 마치 순례지처럼 북적거린다. 술이
나 마시고 흥청거리면서 소일하는 남자 지배 아래에서도
여인들은 힘들게 일하면서 생활을 꾸려나간다. 이러힌
여건 속에서 형성된 서울이 우리의 눈에는 어떻게 비치
는가?

길거리라는 것은 유럽인의 한 집 앞 공터라고 할 수 있을
정도의 크기인데, 가정에서 나오는 음식 쓰레기와 폐기물
모두를 버리는 곳이기도 하다. 집안에 쓰레기가 모이면 집
밖으로 뚫린 구멍을 통해서 거리로 버린다. 이러한 서울
골목길을 처음 보는 외국 여행자들은 여기에 대해서 도저
히 표현할 말을 못 찾는다. 길거리로 버려진 쓰레기 더미

는 비가 오게 되면 물살에 밀려서 동쪽에 있는 개천으로
흘러들어간 뒤, 성곽 밑으로 빠져서 성밖 공터에 아무렇게
나 버려진다.

　이러한 '쓰레기 처리법'을 공정화하려는 한 우스꽝스
러운 이야기가 고사기(古史記)에 적혀 있다고 하는데, 이
에 의하면 한 풍수 이(李)씨가 성안을 깨끗하게 치우자는
안을 냈다. 그러자 다른 풍수 어(漁)씨가 이를 반대하는
상소문을 냈다. 풍수 어씨가 "이 세상은 두 지역으로 나누
어지는데 곧 죽은 사람과 산 사람이 거처하는 곳입니다.
죽은 자들이 거처하는 곳에는 버릴 게 없겠지만 사람이 살
고 있는 곳이 어찌 죽은 사람이 거처하는 곳과 같을 수가

▼ 창문마다 긴 담뱃
대가 나와있다.

있겠습니까? 강과 하천은 스스로 그들이 하는 일을 알고 있습니다." 라고 상소했다. 임금님이 이 상소문을 읽으시고 그럴 듯하게 여기시어 상소자에게 상금을 내리시고 벼슬자리를 주셨다. 그때부터 이 나라에서는 될 수 있는 한 많은 쓰레기를 모아서 길가에 버리는 풍속이 생겼다.

누구든지 이러한 분위기 속에서 나고 자랐다면 이런 관습에 익숙해져서 오히려 깨끗한 주위 환경이 부담스럽게 여겨질 수도 있으리라 본다.

대한제국의 남자들은 골초

대한제국의 남자들이 얼마나 골초인가 하면, 그들이 50

▼ 구들장을 놓으면서도 연상 담배를 피우는 골초 한국 남자들

여년 일생 동안 피우는 담배연기만으로도 우리나라 베를린의 국립보건소 인원 전체를 그 자리에서 쓰러져서 죽게할 만하다.

그런데도 조선 남자들은 모두가 팔팔하고 건강하게만 보인다.

조선인의 주식은 밥과 김치이다. 김치는 시큼한 배추에 빨간 고추(가루)와 생선 등을 넣어서 만든다. 우리는 김치를 담그기 위해서 개울가에서 배추를 씻는 여인들의 모습을 자주 볼 때마다 코크(Prof. Kochs)교수나 리스터 백작(Lord Lister)이 주장하는 '전염세균 이론'이 이 나라에는 적용되지 않는다는 생각이 든다. 그들의 이론이 맞다

면 조선 사람은 수백 년 전에 이미 다 죽었어야 했기 때문
이다.

조선 집은 나지막하고 방의 크기는 약 6척 높이에 넓이
는 8척 쯤이다. 이 나라에서는 현재 나무를 아껴써야 하
는데도, 밖의 기온이 영하 15~20도로 수은주가 내려가
면 사람들은 방이 뜨끈뜨끈하게 불을 땐다. 온돌방 밑에
네 골을 만들고 그 위에 얇고 넓다란 돌을 덮어서 그 위에
다시 흙을 바르고 맨 위에 기름에 절인 종이(장판)를 바른
다. 이런 식으로 만들어진 방바닥은 우리 서양 사람들이
빵을 구어낼 만큼 뜨겁지는 않아도, 방바닥이 얼마나 뜨거
운가를 경험해보지 않은 여행자는 까딱하다가는 엉덩이

▲ 위엄을 갖춘 고관 인물상

살을 지지기에 꼭 알맞다. 이 곳 사람들이야 수백 년간 습관이 들었기 때문에 이 뜨거운 방바닥에서도 한편으로 돌아누운 채 온 몸이 땀으로 흠뻑 젖어도[9] 아무렇지도 않게 잘도 잔다.

뜨거운 온돌이 조선사람을 구워버렸나

방 밑에서부터 올라오는 열기가 조선인의 성격에도 많은 영향을 미치는 것 같다. 다시 말하면 이 뜨거운 온돌이 조선 사람을 완전히 구워버렸나 보다. 그래서인지 조선인은 몸도 마음도 바싹 말라 있다. 높고 지적인 면에는 전혀 관심도 없고 외부에서 들어오는 압력에는 그저 굽히기만 하는 게 조선 사람인 것 같다.

조선 사람이 가지고 있는 탁월한 성격이 꼭 하나 있는데 바로 아집(我執)이다. 이 고집은 또한 사람들만 가지고 있는 것이 아니라 짐승까지, 즉 말이나 개, 소한테서도 찾을 수가 있다. 조선 사람들과 일을 하려면 언제나 이 고집스러운 태도를 계산에 넣지 않으면 안 된다. '시간아, 가라' 하는 듯 여유 만만하고 아집만 부리는 이들에게 옳고 정당함도, 필요성도 설득해봐야 때로는 무력도 써봤지만[10] 소용이 없다. 자기네들이 원하지 않으면 세상이 뒤집히든지 말든지, 상대방이 미쳐 버린 대도 상관하지 않을 거다.

서울 성안에는 대로라고 할 수 있는 거리가 둘이 있는데 종로거리와 남(문) 대로다. 이 두 길 중간을 유럽 문명의 산물인 빨간색 전차가 10분 간격으로 지나다니는 유럽풍 경관을 제외하고는 서울 시내는 눈에 띄게 한적하다.

---

9) 저자: '사지가 제각각 떨어져나가도록……' 이라고 표현.
10) 미 · 프랑스함정이 제물포 상륙을 시도했던 점을 드는 모양임

흰옷에 가마, 마치 꿈나라에 온듯

흰 옷을 입은 조선 사람들은 가마, 나귀나 우마차를 타는 것을 더 좋아한다. 이곳 거리는 우리 베를린 라이프치히(Leipzig) 거리의 풍경과는 너무도 달라서 마치 내가 꿈나라에 와 있지 않나 하고 착각할 정도이다. 간혹 가다 사람의 음성이 들리고 그 사이에 또 어쩌다 다시 한 번 우마차 바퀴가 구르는 소리나 소 방울 소리가 들릴 뿐이다. 요즘 들어온 지 얼마 되지 않은 인력거의 달달거리는 낯선 소음이 서울 시내에 하나 더 생겼지만.

별로 많지도 않은 이러한 소음 중에 서울 성안에는 또 다른 특이한 소리가 있는데, 그것은 물장수(물지게꾼)의 지게가 삐걱거리는 소리이다. 서울 성안 사람은 15~20척 땅 밑에서 나오는 물을 식수로 사용할 뿐만 아니라 이 물을 '장명영약(長命靈藥)'인 약수라고까지 한다. 우리 유럽인들이야 정화되지 않은 물을 식수로 사용한다는 것은 상상할 수도 없지만, 아마도 법으로 벌써 금했을 것이다.

그런데도 서울에서는 물장수가 물을 지게에 메고 다니면서 걱정스런 태도라고는 전혀 없이 천연스럽게 명랑한 음성으로 물을 사라고 외치고 다닌다. 물 값으로 하루에 두 통씩 한 달 동안 물을 날라다주면 우리 화폐 단위로 월 7.5센트를 받는다. 우스운 사실은 이들의 계산 방법이다. 가령 어떤 사람이 하루에 물 60통을 주문하는 경우라면 이 물장수는 35센트를 달라고 할 것이다. 그러나 하루에 두 통씩 날라주는 경우 한 달의 물 값은 여전히 7.5센트다. 이에 알맞는 한국 속담이 있는데, 현금보다 빌리는 곳이 싼 곳이 어디냐고 묻는다면, 대답은 물장수란다. 이처럼 수수께끼 같은 비논리적인 계산법은 조선에서뿐 아니라 아시아 다른 곳에서도 적용이 되고 있다.

물장수 소음 말고도 또 거리에서 나는 소리는 여인들의 빨래소리이다. 무척이나 호기심이 많고, 그러다가도 누가 곁으로 지나가면 조심스럽게 재빨리 얼굴을 감추는 조선 여인은 다른 아시아 여자들에 비해서 훨씬 온유한 성품을 가졌다. 그런데도 이 온순한 여인들이 젖은 빨래를 방망이로 힘차게 두들기는 것을 본다면 어디서 저런 힘이 나오는지 의아스러울 뿐이다.

대체로 온순하고 성실한 조선 여인들이 남자들에 비해서 훨씬 더 능력이 있다는 확신은 기독교 선교사들이 경영하는 학교에서 자주 경험했다.

무능력하기만 한 남성을 위주로 구성된 한민족이 이제까지 버티고 생존할 수 있었던 것만 봐도 그네들이 먼지나

▲ 서당에서 학생은 선반위의 책을 정리하고 훈장은 글을 쓰고 있다

재처럼 하찮게 여기는 여인들이 얼마나 부지런하고 힘들
게 일하면서 지탱해왔는지를 잘 증명해준다.

서울은 치안이 필요없는 선비들이 사는 곳

서울의 거리는 질서정연하다. 다투고 있는 모습이 가끔
보이기도 하지만, 이 또한 친구간에 일어나는 대단치 않은
소동일 뿐, 아무나 간섭만 하지 않으면 제풀에 풀려버린

다. 조선사람은 그저 가만히 놔두기를 바란다. 그러다가
성이 풀리면 다시 마주보고 앉아서 입을 다물고 곰방대만
빤다.

이처럼 양순하고 질서정연한 국민에게 치안이 왜 필요
하단 말인가?

군중이 모여 시내 행렬을 할 때도 질서가 정연해서 포졸
이 오히려 지루해하는 표정이다.

성안에서 생각은 동양식이오, 무기는 서양식을 메고 다니는 병졸들을 자주 보는데 이들이 하는 일이 무엇인지에 대해서는 아직도 해답을 못 찾았다. 이 병졸들의 태도는 정말 나무랄 데가 전혀 없는데다 목단(만주)에서 만난 만주 군대에 비하면 아주 교양이 있다. 역시 한민족은 만주족과는 전혀 다른 피를 가진 높은 문화를 가진 민족이다.

서울은 근본적으로 무력이 지배하는 곳이 아닌 선비들이 사는 곳이라는 것을 금세 느낄 수 있는데 이를 뒷받침하듯이 바로 이 병졸들까지도 문인에게서만 찾아볼 수 있는 온유한 모습과 성품을 지니고 있다.

지금까지 나의 경험에 비추어본다면 일본은 무인국(武人國)이다. 일본 사람들은 용감하고 전쟁을 좋아한다. 반면에 조선은 문인의 나라로 조선 사람들이 전쟁터에서 소리를 지르며 살생을 한다는 것은 상상할 수 없다.

한국 병졸들의 결함이 단 하나 있는데, 병졸들은 총을 위로 치켜 메고 다니는 게 아니라 항상 밑으로 내리고 다니는 것이다. 누가 사진을 찍는다든지 또는 행렬이 있을 때만 총을 제대로 바른 위치인 어깨에 멜 뿐 그 외에는 총구를 아래로 내리고 혹시 어디에서 무슨 사고가 생기지나 않나 하고 날카로운 눈총으로 주위를 살핀다. 여하튼간에 이 병졸들의 모습이나 태도가 아무리 20세기의 인간이라도 '비단실로 형성된 서울'의 경관에는 어딘가 어울리지 않는 모습이다.

흙으로 벽을 바르고 초가지붕을 이은 초라한 집에서도 나무랄데 없이 깨끗한 비단옷을 입고 비단결 같은 손과 비단결처럼 고운 마음으로 걸어나오는 조선 사람을 보는 것은 마치 요정의 세계에서 혼령이 나타나는 것만 같다.

▲ 강화도 해안에서 만난 조선의 남정네 (1880년경)

서울은 휴일의 도시, 시간이 남아도는 곳

누군가 나보고 서울에 대한 인상을 한 마디로 소개하라면, 나는 서울을 '휴일'이라고 하겠다. 서울은 여가(餘暇)의 도시다. 시간이 남아도는 이 곳, 중국 사람을 제외하고는, 여기서는 누구 한 사람도 일에 쫓기는 모습을 본 적이 없다.

그래서인지 상노들까지도 자기들이 편한 대로 하려는 태도다. 우리 유럽 사람들이 죽어라 힘들게 일하고 있을 때에도[11] 이런 현실상황을 외면하고 단잠을 자고 있는 듯한 조선인의 평상 생활이 마치 불교의 극락세계와 비교가 될 만큼 조선 사람은 화도 내지 않고 근심 걱정도 없을 뿐

---

11) 저자: "영육을 유지하기 위해서 힘들게 일할때……."

더러 깨어 있다 해도 반쪽은 의식이 없어 보인다.

조선 사람들을 보고 있으면, 조물주가 인간을 만들 때 먹여살릴 생각 없이 만들지 않았다는 구절이 생각난다. 어느 꽃이고 이름이 주어져 있듯이!

서울의 인구는 이처럼 할 일 없이 놀고 먹는 남자까지 포함해서 현재 20만 명이다. 문화행사라고는 전혀 없고, 글을 쓰는 사람도, 심지어 신문이라는 것까지도 어찌나 부족한지, 이 사람들이 잠을 자는 재미만 뺀다면 이 세상을 어떻게 살아가는지 이해하기가 힘들다.

남자들은 긴 담뱃대를 입에 물고 바둑이나 장기를 두거나 음악 연주를 듣는 게 고작인데, 이 연주 음악은 여러 가지 악기로 구성된 3선 악보의 음악이다. 외국인은 이 음악을 감상하는 것을 괴로워하는데 이는 이 음악을 알아들을 수 있는 '귀'가 없기 때문이다.

다시 설명하건대 서울이라는 곳은 우리 유럽인에게 습관화되어 있는 흥미로운 문화 생활이 없다. 하지만 이 곳 원주민들에게는 그들 나름대로 기분을 풀고 즐길 수 있는 조선의 '엘도라도'이자 유일한 유흥처다.

서울은 사방이 산으로 둘러싸여 있으며 산 아래 경관이 아름다운 곳에는 구석구석에 숨겨진 연못과 정자들이 들어서 있고 근방에는 산책이나 등산을 할 수 있는 길이 많다.

남산 위에서는 서울 시내 전체를 잘 내려다볼 수 있고, 북(한)산에는 많은 등산길이 있어서 여름이 되면 더위를 피해 오르는 사람들이 많다.

신라 역사보다 중국 역사를 더 잘 아는 지식층

우리 유럽인의 눈에는 중국 학문을 숭상하는 이 나라 사람들의 태도가 참 미련스럽게 보인다. 이들의 머릿속에는 중국에서 대대로 전해오는 '인양' 또는 조선말로는 음양설로 꽉 차 있다. 이 음양 글자는 집집마다 벽에 붙어 있을 뿐만 아니라 전국민의 사고를 조정하는 원동력이 된다. 긍정적일 수도 있고 부정적일 수도 있는 오행 원칙은 다섯 가지 원기인 금(金), 나무(木), 물(水), 불(火), 흙(土)에 바탕을 두고 있으며 여기에서 조선인의 철학관이 형성되었다.

학교에서까지 자기 나라의 역사나 학문에는 등을 돌린 채 수백년 동안 중국 학문에만 관심을 두고 열중했다. 이 나라 젊은이(문인)들은 중국의 요순시대에 대해서는 꽤 뚫고 있지만 기원전 57년에서 기원후 936년까지 지속되었던 자기 선조나라인 신라 역사에 대해서는 아는 것이 없다.

현재 서울에서 가장 학식이 뛰어난 사람으로는 아마도 이재순[12]군(君)을 꼽겠다.

이재순은 조선 왕가 출신으로 얼마 전에 영국 에드워드 왕의 대관식에 참여하는 외교사절 단장으로 임명되자, 마치 개선 행렬에 참석하려는 양 호사스런 유럽 여행 준비가 한창일 즈음 부친의 별세로 여행복을 입어보기도 전에 상제옷으로 바꿔 입을 수밖에 없게 되었다.

상제는 하늘도 땅도 볼 수 없는 모자를 쓰고……

이 나라 풍속대로 이재순 왕자는 하늘도 땅도 볼 수 없는 커다란 모자를 쓰고 3년 동안 적막한 생활을 해야 한다. 누구도 감히 이 상제에게 가까이 가서 어떻게 지내냐고 물어도 안 되지만, "상심이 매우 크시겠습니다" 라고 조문을 하는 경우 상제는 우위 (어이) 라고 겨우 대답할 뿐이다. 이재순 또한 유교 신자이기에 성인의 가르침을 따르기 위해 상제로서 3년 동안 세수도 하면 안 되고 머리도 빗지 않고 부친 묘 옆에 오두막을 짓고 살면서 하루에도 몇 차례씩 절하고 통곡하면서 지내야 한다.

묘는 그 가문의 '신전'으로 인근의 잔디는 사람이 살고 있는 곳보다 훨씬 더 깨끗하게 잘 가꾸고 능들이 있는 곳에는 가장 아름다운 나무가 자라고, 그래서 경관 또한 일색이다.

장례를 지내기 위해서 운구(運柩)는 밤에 운반되고, 상

---

12) 李載純: 대원군의 서자, 1881년에 일어난 이재선의 모역에 의해서 제주도에 유배되었다가 후에 처형당함.

▲ 방갓을 쓴 상주. 부모상을 당하면 자식은 3년동안 방갓과 상복을 입었다.

여 뒤로는 긴 등불행렬이 따르는데 상가에서부터 시작해서 서문이나 동소문[13]을 거쳐 성 밖으로 나가게 되어 있다. 운구가 성 밖으로 나갈 때 다른 문을 통과하는 것은 금지되었다. 그래서 상여가 먼 길을 돌아가야 하는 경우가 많다. 또 장례 행렬은 궁 앞 대문을 멀리 피해서 지나야 한다.

서울 체류중 나도 장례 행렬을 구경한 적이 있는데 그때 서소문 옆에 있는 가게 주인에게 "장례행렬이 왜 꼭 이 문을 통해서만 나가야 하느냐"고 물은즉, 그가 "모릅니다"라고 대답하길래 어떻게 모를 수가 있느냐고 했더니 나를 오히려 의아한 표정으로 쳐다보았다.

"그럼 저 지붕 위에 있는 원숭이형 따위의 동물이 무슨 의미를 가졌느냐"고 다시 물었더니, "아, 하도 옛날에 지은 것인데 내가 어떻게 그런 것까지 다 알겠습니까"라고 하니, 알고 싶은 게 있어도 이 나라 사람들에게서 설명을 듣는다는 게 얼마나 어려운지를 가히 짐작할 수 있다.

서소문 지붕 위에나 다른 대문에서 볼 수 있는 동물 형상은 상호간에 균형을 잡는 역을 하는 코끼리, 호랑이, 개, 고양이와 쥐 5 마리의 짐승으로 고양이가 쥐를, 개는 고양이를, 호랑이가 개를, 또 코끼리는 호랑이를, 쥐는 코끼리를 물어 죽인다고 믿는 데서 온다. 왜 그런지에 대해서는 해답을 못 얻었지만 그저 서로 죽인다고 한다. 이런 상호 균형 관념이 조선의 관료들에게도 그대로 적용되고 있는 듯하다. 지붕 위의 짐승 형상은 잡귀를 막고 굳건한 종실이 되도록 지켜준다고 믿는다.

---

13) 저자: 소의문이나 광희문.

모든 것이 수공업 석탄매음을 모른다

서울 사람은 수증기와 석탄 매음을 모르고 산다. 모든 것이 수공업으로 충당되며, 장인들은 지푸라기나 기와로 덮인 집 어느 한 구석에서 일을 하고 있기 때문에 주민은 신발, 말 안장, 옹기그릇, 대장간, 붓을 만드는 곳이 어디에 있는지도 모른다.

누르께하게 불결스런 것 외에는 눈에 띄는 게 없는 서울 길거리에 얼마 전부터 증기기관차의 고동 소리만이 이 한적한 서울 거리 풍경을 깨고 있는데 이것마저 성 밖에서만 다닌다. 언젠가 호기심이 많은 한 더벅머리 총각이 나한테 와서 수줍은 태도로 마부가 어떻게 저런 고동 소리를 낼 수 있는지, 그런 소리를 입으로 내는지를 물은 적이 있다. 이 낯선 소리도 서울 분위기에는 어울릴 수가 없다.

또 몇 달 전에 서울에 신설된 전기 발전소를 방문한 적이 있는데, 구름같은 증기를 뿜어내고 있는 이 발전소에서 나는 소음이 어찌나 심한지 예전에 미처 몰랐던 기계의 위력을 다시 한 번 인식하면서 땅바닥이 흔들리는 듯한 기계 소음이 마치 조선 사람의 세계 정세에 무관심한 태도와 맞물려 온 몸에 전율을 느끼게 했다. 한민족은 의무를 수홀히 하는 민족이 아니다. 다만 육체적으로나 정신력으로나 진정한 임무를 수행할 능력이 부족할 뿐이다.

발전소의 책임자는 독수리 눈을 가진 미국 사람인데 이처럼 날카로운 독수리 눈을 가지고 물통에 물이 항상 가득 차 있는지를 999번을 감시하지 않으면 천 번째는 틀림없이 기계가 파열될 수밖에 없고 또 그런 불상사가 일어나면 조선인 인부는 용의 꼬리가 부딪쳐서 나는 소리라고 믿고 이제까지 애써 쌓은 노력을 포기하려고 한다. 이처럼 불성실하고 무책임한 태도는 세계 어디서고 두 번 다시 찾을 수 없는 곳, 바로 여기 서울이다.

활기를 찾으려면 혁명이 필요한 도시

유럽처럼 집회, 연주회, 승마장 등 공공 유흥 장소라고는 전혀 없는 서울인지라, 이 나라 사람이 서로 모여 토론을 하면서 좋은 의견을 교환할 수 있는 기회가 거의 없다. 평상 생활에 유일한 변화가 있다면 연중 연날리기 행사를 들 수 있지만 이때에도 하늘만 쳐다보느라고 여념이 없다. 간혹 집회가 있다손치더라도 집회 목적에서 조금이라도 벗어나면 관가의 제지를 받게 된다.

바로 얼마 전에, 이제는 잊고 포기할 수밖에 없는 희망의 상징인 독립문 앞에서 있었던 독립 집회가 무산될 수밖에 없었고, 또 얼마 전에는 어느 토론 모임이 있었는데 국내에서 공부하는 것이 더 효과가 있는지 외국에 가서 하는 것이 더 좋은지에 관해 의견을 교환한 적이 있었다. 그때 한 젊은이가 별 생각없이 외국에서 유학을 마치고 돌아오면 감옥에 들어갈 위험이 따른다고 했더니, 금방 경찰서에서 경관이 나와서 무슨 모임이냐는 질문에 '피좀(옳고 그름)노름'이라고 대답했다. 그러자 다시 "피좀"가 누구냐고 다시 물어왔다. 대답하기를 "가부는 사람이 아니라 우리끼리 모여서 토론회를 열고 있다"고 했더니, 무엇 때문에 무슨 일, 누가…… 꼬치꼬치 캐묻더니 모두 사기꾼이라면서 체포해갔다. 그 젊은이는 곧이어 3년형을 받았다. 그 후부터는 이런 모임마저 서울에서 사라졌다.

서울 이야기를 마치기 전에 서울에서 나이가 가장 많은 한 노인장을 소개하겠다. 이 노인장의 성함은 이유인(Yi

wou-in)이고 경오(gung-o)년인 1810년생이다. 이 노인장이 작년 설날에 나를 찾아왔는데 그때 사진을 찍어두었다. 85 여생을 사시면서 이제까지 보신 얘기를 좀 해주십사 하고 청했더니 나를 한참 쳐다보다가 "내가 젊었을 적에는 이상한 일이 없었소. 그 동안에 외국인들이 들어왔고 나도 이제는 늙었소."

인생을 지내면서 어떤 생활 규칙이 있었냐고 물었더니 "부당할지라도 무력으로 해결할 생각을 말고 조용히 사는 것이오."

또 생존하고 있는 친구들이 있느냐는 내 질문에 잠시 생각한 후 "모두 죽고 없소. 남대문 근처에 가락이라는 한 친구가 아직도 살고 있지만 몸이 아파서 거동을 못 하오. 그렇지만 이 친구는 내가 이미 성인이 되었을 때 아직도 아이였소." 라고 답했다.

어떻게 생각하면 서울은 이 친절하고도 위엄이 있어 보이는 노인장과 비교할 수 있겠다.

활기 넘치는 서울로 다시 만들려면 세계 정세에 따른 혁명이 불가피하다.

이 글은 'Soul, die Hauptstadt Koreas', <Der Ferne Osten> 1902 년에 실린 Esson Third 의 ' 서울견문록 ' 을 번역한 것이다. 중국에서 체류하고 있던 유럽인은 상해를 중심으로 <극동>이라는 정기간행물을 발간함으로써 당시 동양에 관한 새로운 소식을 알리고 있었다. 1902 년 <극동>지에 이 글을 기고한 에쏜 써드는 어느 나라 출생인지 밝히고 있지 않고 어떤 목적으로 서울을 방문했는지에 대해서도 역시 알려진 바 없다.

폐쇄의 나라 대한제국

- 오페르트의 세 번의 도전 -

19 세기 중반까지 교역을 완고하게 거부하면서 고립을 주장하던 나라. 그래서 유럽의 호기심을 더욱 불러일으켰던 나라가 한국이었다.

한국은 금이 많고 비옥한 땅에 아름다운 산천 등 살기 좋은 나라라고 이미 아랍 상인들을 통해서 알려졌다.

독일인 에른스트 오페르트 씨는 중국에 주재하고 있는 영국 상사의 직원으로 일하면서 조선과 행상 교류를 트기 위해서 1866~1868년 사이에 서해안을 통해서 처음에는 증기 기관선 '로나'로, 두 번째는 '엠페로' 증기선을 끌고서 두 차례나 조선땅을 밟았으나 그때마다 제물포 관아와의 간접적인 접촉밖에 할 수 없었다.

중국과 일본이 무력에 의해서 서구와 조약을 맺게 뇌사, 조선 조정은 더더욱 쇄국정치를 고집하던 때였다. 친절하고 개방적인 인상을 준 제물포 부사의 개인적인 관심과 호감만으로는 통상의 목적이 이루어질 수 없었기 때문에 오페르트의 노력은 두 번 다 수포로 끝났다. 그러나 어떤 수단과 방법을 써서라도 목적을 달성하려는 오페르트의 태도는 여전히 변함이 없었다.

1868 년 병인양요의 발단이 되는 프랑스 군함이 제물포 앞바다에 침입할 때에도 오페르트는 이에 합세해서 다시

한 번 통상을 시도했다. 이번이 세 번째로 수단과 방법을 가리 여유가 없을 정도로 오페르트의 조선 통상은 절실했다.

그러던 차에 당시 핍박을 받고 있던 조선 천주교 신자들은 그에게 충청도 덕산에 있는 흥선대원군의 부친 남연군의 분묘에서 유해를 도굴해서 대원군과 조정과의 상업 교류를 강요하라고 제안했다. 조선인 천주교 신자들과 프랑스인 페롱 신부가 인도를 맡은 이 3차 모험 통상 목적도 계획대로 뜻을 이루지 못 하고 되돌아가야만 했는데[14] 오히려 이 사실이 국제적으로 문제가 되어서 결국 본국으로 송환되었다.

수단 방법을 가리지 않고, 국제적인 물의를 일으키면서까지 통상 협상을 하려던 목적을 이루지는 못했으나 오페르트는 1880년 패쇄된 나라 한국 이라는 제목으로 이제까지 모은 지식과 또 조선에 들어가서 보고 체험한 내용을 책으로 엮었는데 ' 한국은 금 · 은 및 지하자원이 많이 나오는 나라'라고 아랍 상인들이 이미 알린 내용을 재차 소개하고 있다.

독일 라이프치히 시 브록크하우스출판사에서 이 책이 나오자마자 독일의 많은 신문, 정기 간행지에 서평과 이 저서를 인용한 조선 소개가 자주 실리기 시작했다. 어느 기사에서는 " 이런 부유한 지하자원을 가진 나라와의 협상은 꼭 이루어져야 하는데 한국의 완고한 정치가 장애물이 되어서 지금 상태로서는 성공 하기가 어렵다 "[15]고 끝

14) 남연군 묘를 파헤친 사건을 소개한 최근에 발간된 두 책은 오페르트 본인의 서술과는 다른 내용임. 특히 터 의 소개 내용은 오페르트 서술 내용과 차이 큼.
 1. 나의 문화유산답사기 , 유홍준, P.113부터
 2. 터 , 손석우, P.266부터
15) Globus, 1873, Bd. 24, No. 10, P. 146~152. 오페르트 저서에 있는 남연군 묘 사진,1891, 1892.

을 맺고 있다.

편자는 패쇄의 나라 한국 [16]이 지니고 있는 중요성을 여러 면에서 강조하고 싶지만 다른 기회로 접어두고, 다만 오페르트가 세 번이나 시도했던 조선 탐험 여행을 부분적으로만 옮긴다.

미국을 위주로 전세계에 물의를 빚고 수포로 돌아간 제3차 '조선과의 통상 원정'과 그 이전 두 차례의 모험 여행은 서양 지도상에 한국의 해안을 정립할 수 있는 데 큰 이바지를 했다.

오페르트는 한강 지류를 거슬러올라가면 서울에 닿을 거라는 확신을 갖고 물길을 따라 함정을 끌고 서울을 찾아나섰으나 물이 얕아서 서울에는 직접 상륙하지 못하고, 다만 서울 조정에서 보낸 사신들과 만나서 다시 한 번 통상 교류를 강력하게 요구했으나 조선의 불통고집을 끝내 꺾을 수 없었다고 오페르트는 이 책에 적고 있다.

제 1 차 조선 답사 여행

일본항 구경 길에 조선에 관한 정보 얻어

아시아의 영국이라고 불리는 일본이 1859년 드디어 외국과 통상조약을 맺었다. 일년 전까지만 해도 가능성이 거의 보이지 않았는데 이처럼 수월하게 국제 협상이 성공적으로 이루어졌을 뿐 아니라 일본과의 통상 교류에서 올 이점이 우리가 예측한 것 이상으로 많다.

얼마 전에 개항한 일본 항구들을 구경한 후 중국으로 가는 배 안에서 한 중국 친구가 중국과 일본 사이에 한국이

---

16) 독일어로 된 한국에 관한 단독저서로서는 첫 저서임.

라는 중요한 나라가 있는데 이 나라는 아직까지 세계에 알
려지지 않았다면서 상술이 뛰어나고 재치 있는 이 중국 거
상도 벌써부터 조선에 대해서 큰 관심을 갖고 조선 생산품
이나 상거래와 관련된 정보를 많이 수집하고 있다는 얘기
는 내 호기심을 끌기에 충분했다.

그러나 조선과 접촉할 수 있는 길은 북중국을 거치는 험
악한 길밖에 없어서 한국과의 통상은 거의 불가능하며, 해
안 지역에 암초가 많고 자세한 해안 지도조차 작성된 것이
없긴 하지만 그래도 통상할 수 있는 수로를 개척해보면 어

떻겠느냐고 제안을 해왔다.

내가(원저자) 중국에 있는 영국 상사 사장[17]에게 '조선 통상 원정'을 제안했더니 큰 관심을 보이면서 때마침 'New-chwang' 항으로 떠날 만반의 준비가 끝난 '로나 호' 선장인 모리손 씨[18]를 소개했다.

수로 찾기 위해 서해안 탐색

이번 조선 여행은 다음에 서울까지 배를 타고 직접 접근

---

17) 영국상사 Associe 의 책임자 James Whittall.
18) James Morrison.

할 수 있는 수로를 찾기 위한 서해안 탐색이 주목적이었다. 우리에게 주어진 시간은 꼭 5일간이었다. 조선 서해의 한 지류를 거슬러올라가면 서울에 닿을 것을 믿어 의심하지 않았기에 이번 '탐험 여행'에서 이 수로를 꼭 찾아보려고 했다.

<……프랑스 원정 때 알려진 많은 군도와 험한 암초를 피하면서 우리는 한 어촌에 도착했다. 나, 모리슨 선장, 중국어 통역관은 몰려든 마을 주민과 대화를 해보려고 했지만 불가능했다. 한자로 써서 유럽 발음으로 '경기도나 한강'[19]이 어디 있느냐고 물었더니 역시 못 알아듣다가 왕이 사는 곳이라고 하자 이구동성으로 "서울! 서울!"[20] 했다.

2천리는 될 거라는 과장된 대답은 우리가 서울에 가는 게 불가능하다는 의미였다. 주민들은 악의가 없이 모두가 너무 친절해서 귀찮을 정도였다……>

3일 후에 30리 떨어진 고을 해미에서 가장 높은 관원이 도착했는데 긴 수염에 중국 관리 복장을 한 위엄이 서린 노인장이었다. 따라온 한 관원은 3척이나 됨 직한 지팡이 같은 긴 담뱃대를 들었고 다른 한 병졸은 등에 활을 메고 있었다. '감타화'[21]라는 공직을 가진 이 현감(노인장)에게 조선과 통상을 교섭하러 왔으며 조정과 연락이 될 때까지 이 곳에서 기다리겠다고 했더니 여기서 서울까지 4~6일 걸리며 해답이 올 때까지 시일이 많이 걸릴 테

---

19) Kin-gi-tao, Han-ching.
20) 'Saoul! Saoul' 사울이라고 발음함.
21) 저자: Kam-Ta-Wha.

▲ 제물포항의 고기잡
이 배

니 숙소를 하나 마련해주겠노라고 했다.

　공문 서간을 서울로 보낸 지 3일 후 현감보다 높은 직위를 가진 '타화'[22]가 우리에게 와서 조정에서 원하지 않으니 속히 출국해 달라고 했다. 이번에 별 성과가 있을 것 같지도 않고 해서 모리손 선장과 상의를 한 후 우리는 서울 길을 찾을 수 있는 기회를 다시 기다리기로 하고 다음 날 새벽에 북쪽(중국)을 향해 출발했다.

---

22) 저자: Ta-Hwa.

제 2 차 조선 여행

" 우리가 얻을 수 있는게 너무 많다 "

"살아 돌아오시니 얼마나 반가운지 모르겠습니다. 널을
갖고 찾아가야 되는지 하고 얼마나 걱정한지 아십니까"
라고 인사를 하면서 화이톨 씨는 우리의 귀항을 반겼다.
"그런 수고를 끼치지 않기 위해서 실은 저도 다음 번에는
아예 널을 짜서 싣고 갈까 하고 생각하고 있습니다" 라고
나도 농담 겸 대답을 하자 기가 막힌 듯 지옥에서 빠져나

온 것으로 아직도 만족할 수 없느냐고 놀란 표정을 짓는 화이톨 씨에게 조선과 통상만 한다면 우리가 얻을 수 있는 게 너무 많으니 재차 여행을 강구하겠다고 했다.

그렇지만 조선에서 들어오는 소식이라고는 모두 우리에게 불리한 것들이었다. 특히 프랑스 선교사들의 처형 소식이었다. 이 선교사들의 참수형이 실시되었을 때 우리는 조선의 서해안에 정박하고 있었는데 그 사실을 몰랐다. 그때 '타화'가 왜 그처럼 초조한 태도로 우리의 출항을 권했는지를 이제서야 이해할 수 있었다.

두 번째 여행을 하기 위해서 알맞은 선박을 구하기까지는 그리 오래 걸리지 않았다. 다행히도 250톤을 끌 수 있는 자그마한 '엠페로'[23]는 수심 7척의 얕은 물 위에 뜰 수 있어서 우리의 원정에 알맞았고, 재치 있는 '제임스'[24] 선장과 수석장교 '파커' 씨를 선두로 해서, 해군장교 2명, 기관사 2명, 마닐라인과 중국인으로 구성된 해군 15명, 그리고 상인과 통역관인 중국인 4명, 유럽인 6명과 조선인 19명이 일행이었다.

무기라고는 별 보잘 것 없는 소형 대포가 1개, 갑판에 장치해 놓은 기관총이 고작이었다. 원래는 대형 대포를 장치하려다 포기했지만 화약과 총, 실탄 등은 넉넉했다. 사흘 후에 우리는 별일없이 한국 최남단에 있는 섬을 통과했고 그 다음 날에는 육지 근처에까지 갈 수 있었다. 간조 때에는 강물이 다 빠져서 끝없는 뻘만 보였다.

---

23) Emperor
24) Kapitan James. Mr. Parker.

해미지역 선상에서 감사와 술잔도

우리는 몇 달 전에 '로나'기선으로 왔던 바닷길로 가서 우선 전에 만났던 해미 감사 '타화'를 만나보기로 했다. 우리가 뭍에 오르자마자 반가워하는 주민에게 담배를 다 나눠주어서 거의 동이 날 지경이었다. 다음 날 아침에 우리 배가 썰물 때문에 갯벌 속에서 움직이지 못 하고 있는데 번개처럼 빠르게 퍼진 소문을 들은 주민들이 우리 배에 올라오려고 아수라장을 이루었으나 다행히도 우리는 빠져나올 수 있었다.

해미 지역에 배를 댔을 때 감사와 그 일행이 우리 배에 올라와서 반갑게 인사를 하고 술잔을 돌렸다. 이 노인장의 얼굴에는 지난 번 여행 때 조선 조정에 보낸 내 서간에 대한 좋은 회답을 줄 수 없어서 미안하다는 표정이 역력했다.

우리가 이 곳 서해안에 정박한 다음 날 새벽, 제임스 선장이 주위를 조사하러 갔다가 흥분해서 돌아와 편지를 한 장 내보였다. 프랑스어로 쓰인 이 편지는 현재 조선에서 숨어서 전교를 하고 있는 세 사람 중에 1명인 리델 주교가 보낸 것으로 우리에게 도움을 청하는 내용[25]이었다. 내가 편지를 읽는 동안 멀리 산 언덕에서 조선 사람 2명이 십자를 그어서 신호를 보냈다. 즉시 회답을 보냈는데, 우리 역시 힘 닿는 대로 돕겠고 빠른 시일내에 서울에 입성하도록 노력하겠다는 내용이었다. 또 라틴어로 쓰인 쪽지도 받았는데 거기에는 어둠을 이용해서 탈출에 성공한 필립이라는 천주교 신학생이 일행 3명과 함께 우리 선박으로 오겠다는 내용이었다.

▲ 멀리 성벽이 보이는 강화도 관아 전경

---

25) 리델 주교의 편지내용은 번역을 생략함

통상목적이 천주교 신자 구출작전으로

우리 탐색대 일행은, 조선에 피신해 있는 프랑스 선교사들과 조선 천주교인의 구출작업에다, 서울로 통하는 한강 입구를 찾기 위해 낯선 해안 지역을 이리저리 헤맨 고생이 이만저만이 아니었다. 드디어 한 선원이 서울로 통하는 한강 입구[26]를 찾아 다시 배를 그 방향으로 돌렸다. 강 양쪽에는 모래사장이 펼쳐져 있고 고기잡이 배들이 많았다. 우리는 가끔 이들의 고기잡이 배에 올라가보기도 하고 무성한 나무로 덮인 산 언덕과 꽃이 핀 주위의 경관을 구경하면서 조심스레 강줄기를 타고 올라간 지 몇 시간이 지나서

---

26) 한강지류 근처에 있는 섬 무리를 서양여자 명칭을 부쳤음. 즉 "올가도", " 게르트루도" 등.

강화도의 남쪽 끝에 널린 모래사장에 얹혔다가 빠져나오기도 하였다. 주민 어부들에게 담배나 성냥을 선사하면서 서울 길을 물으면 우리 망원경을 빌려서 알아보고 난 뒤 가는 방향과 거리까지 가르쳐 주곤 했다. 그러나 거리 사정에 대해서는 대답에 차이도 많았고 어떤 주민은 금세 대답을 하기도 하지만 어떤 사람은 정보를 제공한 후가 두려워서 피하는 경우도 있었다.

우호적인 어민들과는 상관없이 인상이 험악하게 생긴 '교동'[27]도의 최고 관원이라는 자가 병사를 태운 배를 타고 와서 우리에게 돌아가라고 했다. 그때 우리 사이의 대화는 대략 이렇다

오페르트: "이 강 이름이 무엇이오?"

강화도 관아

27) Kiau-tong, 교동도는 강화도 앞에 위치.

조선 관원 : "모르오. 이름이 없습니다."

오페르트 : "이 강이 한강이 아니란 말이오?"

조선 관원 : "그렇소. 이 강은 한강이 아니오. 그 강은 저쪽 다른 곳에 있소."

오페르트 : "그렇다면 우리가 가는 이 길이 서울로 가는 길이 아니란 말이오?"

조선 관원 : "그렇소. 이 길로 가면 결코 서울에 가지 못하오."

오페르트 : "여기서 서울까지 얼마나 멉니까?"

조선관원 : "아, 아마 1천 리는 될 거요. 그렇지만 이 강은 물이 얕아서 작은 배를 타고도 올라가지 못 하는데 하물며 이 큰 선박으로는 큰 일이 날 게요."

오페르트 : "말한 게 사실이라 믿지만 우리는 계획을 고수할 생각이며 돌아가지 않겠소."

조선관원 : "정말이오. 돌아가시오. 아직까지 어떤 외국인도 이 길로 해서 서울까지 간 적이 없소."

오페르트 : "좋소. 내가 제일 먼저 시도를 해보겠소. 또 할 말씀이 있습니까?"

조선관원 : "더 할 말은 없으나 이 길이 서울로 가는 수로라고 생각하는 것은 잘못이오."

오페르트 : " 충고에 따르지 못 하는 우리가 죄송합니다."

퇴거 권유 무시하고 한강 상류로

이 관원이 우리를 도무지 설득할 수 없게 되자 초조해하는 표정을 하고 있을 때 한 선원이 와서 어떤 조선 사람이 몰래 헤엄쳐 와서 나를 만나고 싶어한다고 전했다. 나는

◀ 호기심
조선의 남
들.

◀ 아이들도
못지 않는 호
으로 이방인
고 있다.

관원을 혼자 두고 다른 방으로 가서 이 용감한 조선인에게 포도주를 권하면서, 서울이 여기서 50마일쯤 떨어져 있고 이 길로 가면 된다는 것을 들었다.

고집을 쓰는 교동도 관원을 뒤로 하고 우리가 한강 상류를 향했을 때는 늦은 오후였다. 가파르게 서쪽을 향하여 뻗은 강줄기를 따라 교동도를 지난 지 얼마 후 강이 좁아지고 가운데에 암초가 나타나면서 물이 빠지기 시작했다.

강화도 해안쪽에 아마도 임진왜란 후부터 폐허로 방치해둔 듯한 대포[28]들이 보이는 곳을 지나자 언덕이 가파르고 나무가 빽빽한 산들이 계속되면서 동네가 자주 나타났다. 아침 8시경 드디어 몇 마일을 뻗어나가는 성벽과 성문이 멀리 나타났다.

서울이 여기서 멀지 않으리라는 확신을 얻었지만 우리는 강가에 나와 있는 주민들 사이에 울긋불긋한 관복을 입은 일행쪽으로 배를 돌렸다. 병졸들의 무기는 별 것이 없었다. 최고 관원인 듯싶은 사람을 호위하는 한 병졸을 제외하고는 총도 칼도 없이 모두가 한결같이 활만 갖고 있었다. 우리가 뭍에 올라오자 한 관원이 내게 서찰을 건네주었는데, 그 내용은 우리가 누구며 어디서 왔고 무슨 목적을 띠고 있으며 남의 나라에 허락도 없이 들어오는 것은 예의에 어긋나는 것이 아니냐는 질문이었다.

글로 써서 대화가 오가고 하는 동안에 나는 우리 일행에게 예복을 입게 하고 배의 식당에 국기를 꽂는 등 장식을 한 뒤 조선 관원 3명을 맞아들였다. 그중에 가장 위인 듯한 사람은 학이 수놓인 흉배를 둘렀는데 60~70세쯤 되어 보였고 생김새가 교양 있는 서양 사람처럼 보이면서 호

---

28) 강화도의 광성보 남쪽 해안가에 위치한 덕진진, 덕지돈대와 남장돈대가 복원정비되어 있고 강화해협을 향한 남장포대가 해당되는 듯 함.

감이 가는 인상을 풍겼다. 그가 입고 있는 관복은 아주 값 비싼 중국 비단으로 황색에 노란색 윗옷의 소매끝 넓이가 거의 1미터 폭 정도였다. 호위자로 두 사람을 대동했는데 그중 한 사람은 일본도를 들고 다른 사람은 직위를 상징하 는 패를 들고 있었다.

서로 인사가 끝나고 포도주가 몇 잔 돈 후에 '김재현'[29] 강화현감(!)에게 우리의 여행 목적은 우호 통상 협정을 하고자 하는 것이며 조정과 직접 협상을 하기 위해서 서울 로 가려고 하는데 조선 조정은 이제 쇄국정치를 마치고 전 세계와 통상을 하면 이 나라에 이익이 많을 것이라고 덧붙 였다.

강화 현감과도 성과 없는 대화

강화 현감의 대답 역시 해미 현감이 전에 하던 얘기와 다 를 게 없었다. 외국과의 통상은 간절히 바라는 바이지만 이는 아주 중요한 정치 문제이며 조정에서 결정해야 되므 로 즉시 조정에 알려서 빠른 시일내에 회답을 주도록 하겠 다, 그러나 더 이상은 가지 말아달라는 내용이었다. 우리 도 더 이상 서울을 찾아가겠다고 고집을 부릴 수 없었던 이유가 두 가지 있었다. 첫째는, 여기서부터 서울까지가 약 15~20 마일이라고 하지만 남은 연료가 겨우 상해까 지 되돌아갈 수 있을 정도밖에 남아 있지 않았고, 둘째로 는 강길이 험악해지면서 점차 얕아지는 수심 때문이었다.

얼마나 기다리면 회신을 받을 수 있겠느냐는 질문에 한 달 이상이라고 했고, 나는 또 4일내에 회답이 안 오면 서 울행을 고수하겠노라고 강경한 태도는 보였지만 [30]실은

---

29) Kim—Tschai—Heunni.
30) 오페르트는 이때를 이용해서 근방의 주민, 어선, 지리 등을 탐색했다.
  239~255 P.

우리도 불안한 상황에서조선 조정의 반응을 기다렸다. 드디어 조선 조정에서 보낸 78 세의 ' 방위사 '[31]가 ' 이응인 '[32]과 다른 두 사람을 대동하고 나타났다. 유창한 중국어로 공손하게 인사를 마친 뒤 서울 조정에서 보낸 선물로 아름다운 모자(갓), 불그스름한 부채와 나무빗을 전했다. 웃으면서 이런저런 얘기 후 방위사는 "중국 천황과 사전에 상의없이 우리 임금님 혼자서 결정할 수 있는 일이 아닙니다. 북경과의 거리가 머니 단시간내에 결정할 수 없습니다."라고 친절하고도 위엄 있는 목소리로 말했다.

내가 대답하기를, " 중국과 주종 운운하는 것은 핑계일 뿐 이유가 될 수 없음을 서로가 알고 있는데 이를 내세워서 거절하려는 것이 참 유감스럽습니다. 만일 조선 조정이 통상 협정을 허락한다면 나는 온 세계에 한국의 현명한 태도를 진심으로 선전할 의향이 있습니다. 프랑스 선교사들의 참살에 따른 국제 책임 문제도 곧 따를 것입니다. 지금까지 내가 만난 조선 사람이 모두 우호적이었기에 조선 조정이 우리의 제안을 거절하지 않으리라 믿고 재차 통상을 제안하고 싶습니다."

방위사와 우리의 대화를 서기는 열심히 받아쓴 후에 상호간에 별 결과를 얻지 못 한 것이 유감스럽다는 말을 남기고 헤어졌다.

더 이상 이 곳에 있어봐야 성과가 있을 것 같지도 않아서 우리 역시 귀국 준비를 마치고 배를 돌려 한강 입구를 지나 중국 해안을 향해서 출발했다.

---

31) Pang-Ou-Seu.
32) Ni-Eung-ini. 이름이나 관직이 중국어 발음임.

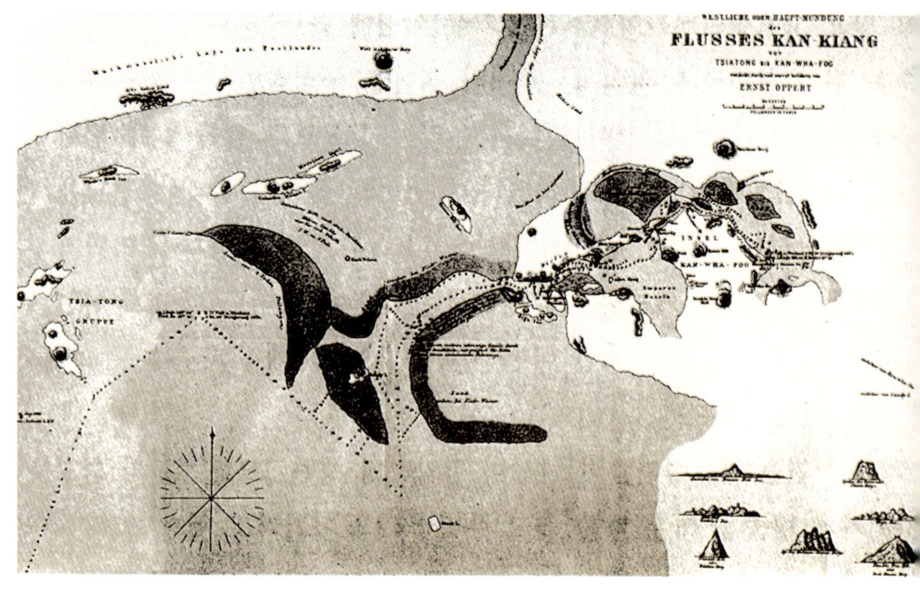

3차 조선 여행

▲ 오페르트가 그린
서울 진입 항로

프랑스의 무모한 원정이 천주교 박해 불러

'엠페로'선을 몰고 '탐험'에 나섰던 로제 함장의 조선 원정이 수포로 돌아간 지 2년이 지난 어느 날 우리의 3차 여행 계획이 어떤 경위로 다시 세워졌는지에 대해서 언급하고자 한다. 이 '어떤 경위'에는 기이하고도 독특한 연유가 있었기에 좀더 자세한 설명이 꼭 필요하다고 본다.

서구는 프랑스가 조선에 강경한 통상을 요구하기 위해서 계획한 '원정'에 대해 큰 기대를 두었던 만큼 우리의 실망 역시 아주 컸다. 더구나 프랑스 원정대에게 조선 조정이 보인 미온적인 태도를 감안한다면 무력으로는 월등했던 프랑스가 조금 더 참을성 있게 숙련된 외교를 했다면 조선과의 통상 협정이 이루어질 수 있었으리라고 여겼기 때문에 프랑스의 이번 실패가 더 안타까웠다.

◀ 쇄국을 고집했던 대원군

반면에 조선에서는 외국인에 대한 적개심이 더 높아졌고, 대원군은 외국의 위협을 막기 위한 방편으로 쇄국정책을 강화했다. 첫 번째로, 매년 북쪽 국경에서 열리는 장에 조선 상인의 참여를 금하고 외국 상품을 국내에 들여오는 자는 사형에 처하며, 각 고을은 외인의 침략을 대비해서 1백 20명으로 구성된 군대를 별도로 조직하라는 법령을 내렸다.

대원군은 이러한 법령에 만족하지 않고 외국 사람에게 우호적인 조선 천주교인들에게 박해를 가했다. 한 마을 전체나 수많은 교인을 잔인하게 학살하거나 먼 곳으로 유배를 보내는 등 대원군의 포악이 날로 심해지는 상황에서 조선 천주교인의 대원군에 대한 적개심 또한 너무도 당연한 것이었다. 대원군의 천주교 박해, 바로 이것이 프랑스 원정의 실패가 빚은 결과였다. 조선에서는 아무도 대원군의 폭정을 말릴 수 없고, 잔혹한 정보가 국경지역 요동땅을 넘어서 상해에까지 들어올 때마다 우리는 수수방관할 수밖에 없었으나 조선의 정세에 대해서는 신경을 곤두세우고 기회만 보고 있었다.

우리의 두 번째 '조선탐험여행' 때, 조선에 숨어서 생명에 위협을 받고 있던 프랑스 선교사 리델 신부의 편지를 전하려고 우리와 접촉을 가졌던 조선 천주교인에 대해서는 이미 소개한 바 있다[33]. 그중 두 사람이 그 후에 극적으로 국경을 넘어 탈출에 성공했다. 그 당시 리델 선교사의 편지를 전해준 해미 출생 이필립이라는 조선인 신학생은 학식이 풍부하고 아주 온순한 성품이었다. 내가 중국에서 만난 이 사람들은 예수회나 그외 어느 수도회원도 아님을

---

33) Hesse-Wartegg, Ein verschlossenes Land Corea 200~208 P.

이 자리에서 강조하고 싶다.

이제는 조선에서 11년 동안 선교활동을 하다가 구사일생으로 중국으로 피신와 있는 페롱 신부를 소개해야겠다. 페롱 신부는 조선 사정에 아주 밝을 뿐 아니라 조선과 조선 사람을 무척 아꼈기 때문에 천주교인이 당하고 있는 고난을 안타까워했다. 배운 것도 많고 성실하고 올바른 성격의 소유자인 페롱 신부에게서는 전혀 광신자 같은 태도는 볼 수가 없고, 다만 천직이라고 믿는 사제직에 충실하겠다는 집념에만 사로잡혀 있었다. 나는 지금까지 아시아에서 많은 천주교나 개신교의 선교사를 만날 기회가 있었다. 그러나 페롱 신부만큼 훌륭한 선교자는 별로 만난 적이 없었다.

다만 페롱 신부와 생사를 같이하려고 많은 조선인 천주교 신자가 정든 고향과 가족을 떠나서 여기까지(중국 상해) 찾아온 사실도 조선 역사의 서글픈 한 장이라고 본다.

대원군의 부친 남연군 묘의 도굴계획

우리는 페롱 신부를 통해서 계속적으로 국내의 소식을 전해 들으면서 조선의 외교정치를 변화시킬 수 있는 가능성을 모색하기도 했지만, 이런 생각 자체도 허무한 것이라는 결론을 내리곤 했다.

그러던 어느날 페롱 신부가 꽤 흥분한 모습으로 찾아와서 아주 좋은 계획을 구상하고 있는데, 조선 조정을 위협해서라도 통상을 맺을 수 있는 길이 있다면 같이 행동을 하겠느냐고 물었다. 나는 그처럼 확실한 계획이 대체 무엇인지 들어보자고 했다.

그러나 페롱 신부는 조선 동지들과 완전한 계획을 세울

▲ 대원군 부친 남연
군의 묘

때까지 참아달라고 했고 나 역시 페롱 신부의 침착하고 날카로운 판단력에 맡기기로 했다. 며칠 후에 페롱 신부가 다시 찾아와서 이 계책을 들으면 아연실색할지 모르겠지만 성사만 된다면, 틀림없이 대원군이 협상에 동의하게 될 것이라고 말했다. 이런 계책을 모색하는 것은 스스로의 명예를 위해서가 아니라 그가 수 년 동안 닦아온 정든 일자리에 되돌아가기 위해서였다. 그리고 이는 어느 개인의 생명이나 재산에 해를 끼치려는 게 아니라 잔혹한 대원군에게만 압력을 넣어서 개방을 하게 하려는 수단이라고 덧붙이면서 말했다.

"대원군은 미신을 아주 중시합니다. 그의 재산 중에 대대로 내려오는 '성물(聖物)'[34]이 있는데 어느 외딴 곳에 보관되어 있습니다. 이 '성물'에 가운(家運)이 걸려 있다

---

34) Reliquien,= 종교적인 용어.

고 믿고 있고 이로 인해서 대원군의 아들이 왕대비의 양자가 될 수 있었다고 합니다. 그래서 조선인의 계획이라는 것은, 이 가보를 잠시 농안만 훔쳐오겠다는 것인데 이는 마치 서울을 함락한 것이나 다름이 없습니다. 대원군은 가보를 찾기 위해서 결코 협상을 거절하지 않을 것이며 친히 개방 조항에 서명을 하게 될 것입니다. 조선 사람들은 이 계획이 틀림없이 이루어지리라 믿고 있지만 결단을 내리기 전에 잘 생각하시기를 바랍니다."

이 이야기를 들으면서 내가 좀 놀란 것은 사실이나 그보다 더 놀란 것은 페롱 신부와 조선 천주교인들의 확신에 찬 태도였다. 나도 이번 계획이 엄청난 모험이라는 것은 알지만 또한 성공할 수 있는 확률이나 우리가 얻을 이점이 적지 않을 것이라고 생각해서 며칠간 심사숙고를 한 후에 페롱 신부에게 이 '모험여행'에 가담하고 전력을 다해서 한국이 세계에 개방될 수 있도록 성사를 시키는 데 노력하겠다고 대답했다.

몇 주 후 우리는 뮐러 선장의 지휘 아래 1천 톤의 증기선 '차이나'를 몰고 상해를 출발했다. 일행은 페롱 신부, 조선인(천주교인) 몇 명, 나(오페르트)와 협력을 약속했을 뿐 아니라 평범한 중국인보다 중국말을 더 잘하는 J.씨라는 미국인 1명, 유럽인 선원 10~12명, 마닐라 사람 25명, 중국인 선원 몇 명이 경비원으로 포함되었다. '제로모 왕자(Prince-Jerome-Golf 유럽탐험대가 지은 해안 이름 '제로모 왕자 灣')지류를 거슬러올라가기에는 증기선 차이나호가 너무 커서 내 친구에게서 빌린 '그레타'호를 차이나 기선 뒤에 매달고 오느라고 우리는 이미 썰물이 시작된 지 몇 시간 후에야 목적지에 도착할 수 있었다.

조선인 천주교인들이 우리를 안내하러 왔을 때는 이미 밤이 깊었다. 우리는 그레타호를 풀어서 만반의 준비를 갖추고, 동녘이 밝아온지 한 시간쯤 지나서 목적지를 향해서 떠났다. 몇 마일을 올라가자 강 지류가 좁아지고 양쪽 언덕에는 험한 산들이 보이다가 차차 동네가 나타나면서 우리 배를 발견한 주민들이 강가로 몰려왔다. 우리는 될 수 있는 한 배를 강 중심으로 몰았지만 몇 번이나 바닥에 걸려서 배를 빼느라고 30마일 거리를 4시간이나 소비했고, 그래서 많은 시간을 뺐겼다. 우리가 겨우 목적지에 도착했을때는 오전 11시였다. 구경꾼 주민들이 우리를 보고 몰려왔지만 언제나[35] 처럼 친절한 태도였다.

조선 인도자들이 근방 지리를 잘 알고 있어서 우리는 해군 호위대를 앞장세우고 목적지를 향해 떠났다. 주민들은 남아 있는 배를 구경하느라 우리에게는 관심을 갖지 않았다.

농가 몇 채가 드문드문 보이는 사이로 우리는 아무런 장해도 받지 않고 행진을 할 수 있었으나 나무가 없는 길이라 햇살이 따가워, 몇 시간 후 목적지가 가까워졌을 때야 모두가 살아난 것 같았다. 이곳에서부터는 경치가 변하기 시작했는데 나무가 빽빽하게 들어섰고 올라가는 길은 가파르면서도 그림처럼 아름다운 경관을 펼치고 있었다.

조선인 안내자들이 예상했던 대로 도중에서 병졸 한 무리가 우리를 기다리고 있었다. 내가 앞으로 나가서 강경하게 비키라고 손짓을 하자 대장인 듯한 사람이 약간 뒤로 물러서는 듯하다가 우리가 그 옆을 지나가려고 하자 다시 공격 태세를 취했다.

페롱 신부가 다시 나서서 설득을 하자 오히려 길의 방향까지 알려주고, 우리 일행 중 한 해병이 더위에 지쳐 쓰러지자 들것까지 만들어줬다. 오후 1시에 도착할 예정이었던 목적지는 아직도 절반이 더 남아서 이 아름답고 낭만적인 경관을 즐길 여유가 없었다.

오후 5시, 드디어 안내자가 손을 들어 가리킨 방향으로 양쪽에 깊은 골짜기가 보였으나 우리가 높은 산으로 둘러

---

35) 오페르트의 두 번 한국여행을 말함.

▲ 농가 몇 채가 모여 있는 시골마을

쌓인 아름답기 그지없는 목적지에 다다른 것은 30분이 지난 후였다.'성물'이 들어 있다고 했기에 거대한 돌로 지은 건물을 예상했던 내 기대와는 달리 담으로 빙 둘러싸인 둥그런 모양의 언덕에 실망을 했지만 이 분묘의 문을 찾기 위해서는 우선 한 부분을 헐지 않으면 안 되리라고 생각했다. 예상에 없었던 일이라 이에 알맞은 연장도 가진 게 없어서 마을에서 빌려올 수밖에 없었다. 이리저리 시간을 빼앗긴 데다 땅까지 파야 했으므로 예상보다 훨씬 더 초과했다. 초조한 마음이야 말할 수 없었지만, 우리는 이 일이 얼마나 중요한지를 알고 있었기에 있는 힘을 다해서 묘의 일부를 헐었다. 그러나 예상하던 입구 대신에 커다란 암반이 가로 막고 나왔다. 갈수록 태산, 이 암반을 제거하려면 적어도 5~6시간이 필요해 보였고 그러자면 따르는 위험성이 너무 클 것 같아 페롱 신부의 실망도 충분히 이해하지만 우리는 계획을 포기하고 돌아가기로 했다.

별 사고 없이 기선이 정박해 있는 곳으로 돌아왔을 때 우리 선원들은 배에 올라오려는 주민을 막느라고 실랑이가 한창이었다. 몇 시간만 지체했더라면 배는 썰물 때문에 꼼짝없이 묶일 뻔했다. 즉시 출발은 했으나 밤은 깊어가고 앞이 안 보여서 강화도에서 20분쯤 떨어진 거리에 배를 세웠다.

쇄국일변도의 대원군 서찰을 받고

다음 날 아침 10시경 조사를 나온 한 관원 편에 대원군 앞으로 내 서명이 들어 있는 한글 서간을 보냈더니 4일 후 오전에 '동금태'[36]가 서기를 대동하고 대원군의 회답을 갖고 왔다. 대원군의 직인이 찍히고 한글로 쓰인 서간 내용은 다음과 같다.

"우호적인 통상 협정이 주목적이라던 주장과는 달리 못된 이(저자: 페롱 신부와 천주교인을 의미)의 간사한 말을 듣고 나와 조선을 모욕한 이번 행동이 어찌 지금까지와 같다고 할 수 있겠는가. 나라를 개방하고 통상하자는 제안에 응할 생각이 추호도 없는 조선의 태도에는 변함이 없노라. 조선은 외국인을 원치도 않으며 외세를 막을 만한 충분한 힘을 가지고 있다. 우리 조선인의 용기와 위용을 프랑스 사건을 통해서도 보지 않았는가. 우리는 아무도 두려워하지 않으니 단념하고 돌아가서 전세계에 그리 전하기 바라노라"

---

36) "Tong-Keum-Tei"

마을에 불을 지르고 복수를 하겠다고 떼를 쓰는 중국인
과 마닐라 선원[37]들을 달래면서 다음 날 우리는 상해를
향해 차이나 호 머리를 돌리고 이 나라를 떠나야 했고, 조
선국은 오늘까지[38] '굳건히 잠긴 나라'로 남게되었다.
　부록으로 오페르트가 작성해가지고 갔던 한국과의 통
상 협정문이 소개되어 있다.

이 글은 1880년에 출판된 Ein Ver-
schlossenes Land Korea 중에서 265~
292쪽을 발췌하여 번역한 것이다.

---

37) 마닐라인 선원이 저지른 사고로 한국 병졸과 충돌 사고가 있었음.
38) 오페르트가 한국과의 세 번째 통상 협정 원정을 포기하던 1869~
　　1880년까지.

남해안에서 서울까지

- 1882년, 홀 대위의 조선 종단기 -

버려진 농지, 여기저기 묘지만

1882년 10월 우리(홀:J. H. Hall's 대위) 일행은 서울에서 47마일 떨어진 마산포에 도착했는데 이 항구에는 이미 1백여 명의 청나라군이 주둔하고 있었다. 현재 조선에는 청군이 3천6백 명, 그중 5백 명이 수도 서울에, 나머지는 서울 인근 5개 지역에 나뉘어 주둔하고 있었다. 이 사실을 미루어보더라도 얼마 전 중국이 서양에 선언한 조선의 독립성은 믿을 만한 게 아닌 것 같다.

우리 일행이 처음 조선 땅에 발을 들여놓은 곳은 '남장도'인데, 이 섬에는 흙으로 벽을 바르고 초가지붕이 덮인 집 아홉 채가 있었다. 일본어와 조선어의 유사함을 감안해보면 조선과 일본이 인척 관계에 있으며 동일 문화에서만 나타나는 역사적 관계를 맺고 있음을 발견하는 것은 그리 힘들지 않았다. 일본은 오랜 역사를 지닌 불교가 중심이므로 각 고을마다 신전이 있고 그 안에는 신상을 모시는 대신에 흰 종이를 잘라서 길게 묶은 다발이 있는데 이와 비슷한 형상을 조선 땅에서도 볼 수 있었다. 소나무숲에 벌집처럼 생긴 초가움막이 있고 이 움막의 크기는 높이나 넓이가 대략 9척에 동쪽으로 3척 높이쯤의 입구가 나 있었다. 홀 씨가 웅크리고 기어서 그 안으로 들어가보려고 하

자 주민들이 질색을 하면서 만류했다. 그 안에 들어가면
큰 재앙이 내린다는 시늉으로 손짓 발짓 다해가며 전했다.
그렇지만 홀 씨가 그 앞에 쭈그리고 앉아서 안을 들여다
보는 데에는 반대하지 않았는데 별 대단한 것은 찾아 볼
수 없었다. 내부 천장에는 다듬지 않은 막대기들이 뒤쪽으
로 기울어지게 놓여 있었고 일본에서처럼 흰 종이를 잘라
서 길게 걸어 놓았다. 동네 반대편에도 역시 소나무 동산
에 6척 높이로 사각형 초막이 있었고 이 암자 안에는 3척
쯤 되는 석불이 모셔져 있었다. 홀 씨가 서울로 올라가는
도중에 이 신전과 암자 외에는 종교적인 성격을 띠고 있는
어떤 건물도, 심지어는 삭발한 중도 보지 못 했다.

　일본의 문화는 이 나라의 문화에 비하면 훨씬 발달한 편

인데, 이는 불교의 영향을 많이 받았기 때문이다. 조선 땅 어디서고 부유한 중산층은 보이지 않았고, 지방 농부나 백성수에 비해서 관리들만 훨씬 더 많아 보였다. 백성들은 대체로 그저 굶어 죽지 않을 정도로 살고 있는 듯했다.

길 한쪽에는 고을 관리들의 업적을 기리는 비석이 더러 보였다. 그 중 2~3 비석은 쇠로 만들어졌는데 이 곳 외에서는 다시 쇠붙이를 보기가 힘들었다. 이 나라에는 철강이 얼마나 없었는지 보트나 선박을 만들 때도 쇠못을 사용하지 않고 나무못을 쓸 정도이다.

우리가 거쳐간 해변의 경관은 산과 언덕이 많았지만 우리의 관심을 끌기에는 별로 흡족하지 않았다. 나무도 드문

드문 보였고, 밭이나 논에서 일하는 주민도 눈에 많이 띄지 않았다. 일본에는 산등성이에서부터 꼭대기까지 남긴 곳 없이 논밭을 일구었는데, 이곳은 황폐하게 버려둔 곳이 많고, 여기저기 묘지로만 덮였을 뿐이다.

작은 마을들은 드문드문하게 산 아래나 숲 근처에 모여 있다. 벼농사가 가장 많고 그 다음이 보리, 콩이나 수수, 무명, 그리고 매운 음식에 항상 넣어야 하는 고추를 기른다. 피마자는 약초로 많이 쓰이고 지붕 위에서 자라는 박은 일부는 먹고 일부는 그릇이나 표주박을 만든다. 채소로는 무우꼴의 배추와 크고 하얀 무, 과일은 대추 종류밖에 없다. 그리고 이 나라에 많은 것은 까마귀밖에 없는 것 같다.

눈길 끄는 장승, 풍수지리설이 지배하는 나라

수도 서울로 가는 도중에 가장 흥미있었던 것은 장승과 묘인데, 가끔 길목에 서울까지의 거리가 적혀 있는 나무장승은 먼지와 흙으로 덮여 있는 데다가 아래 부분에 먹으로 쓴 글자는 비에 씻겨서 본래의 목적을 상실하고 있었다. 장승의 윗부분은 아주 험악한 사람의 얼굴 형상을 조각했는데 그 아래에 수수께끼 같은 글씨로 '천하대장군'[39]이라고 씌였고 대부분 셋이나 다섯, 일곱쯤 함께 모여 있었다.

조선 사상에는 중국 신앙인 풍수지리설이 중요한 위치를 차지하고 있다. 울타리로 막힌 묘지도 없고 일본에서는 어디서고 볼 수 있는 사원이 여기에서는 찾아보기 힘들다. 조선 사람은 중국인처럼 묘를 들판에 쓰지 않고 산 언덕에

---

39) 저자 : "국가의 최고위장군"이라 표현.

쓰는데 묘를 쓸 때는 반드시 풍수 전문가를 불러 조언을 구한다. 5, 6척 너비에 2, 3척 높이가 되는 둥근 언덕을 '묘'라고 하고, 상류층을 제외한 대부분 평민의 묘에는 비문은 물론 아무런 표시도 없다. 서울 바로 근처에 알맞은 산이 있었는데 이 산은 전체가 비문, 비석도 없고 아무런 표시도 없는 마치 콩알처럼 보이는 수천 개의 묘들로 덮여 있었다.

그런데도 묘 주인의 가족이 누구라는 것을 서로 알고 있으며, 새로운 묘를 쓸 때는 행여나 이웃 묘지를 다치는 일이 없도록 애를 쓰지만 옆 묘지 가족들과 오해나 의견 충돌이 자주 일어나고, 송사를 하게 되면 대체로 새 묘의 가

▲ 유기전, 각종 놋그릇과 갓을 겻들여 팔고 있다.

족이 이기게 된다. 그러면 옛 묘 가족은 이장을 해야 하는데 어떤 원칙 때문에 이러한 판결이 나게 되는지 알아보는 것도 흥미가 있을 것 같다.

서울에 도착한 후 나는 10월 21일과 22일 북동쪽에서 남서쪽으로 산등성이를 따라가면서 어떤 원칙이 없이 형성된 듯한 정방형 모양의 서울 시내를 구경했다. 북쪽으로는 높이가 3천5백 척 쯤 되어보이는 가파른 화강암 산이 자리잡았고, 남쪽으로는 그 절반 높이의 산등성이가 동쪽으로 길게 뻗어가고 있다. 또 그 산등성이를 타고 오르내리는 성벽이 둘려싸여 있었는데, 가파른 북쪽산에까지 이런 인위적 건축이 꼭 필요했을지 싶다.

내가 돌아본 성곽과 성벽은 별로 튼튼하다고는 볼 수 없어 작은 공격에도 견디기 어려울 것 같았다.

주요 상품은 비단과 면, 한지, 유기그릇

서울의 인구는 24 만 명이다. 가옥들의 크기는 대략 8, 9척에 돌멩이나 흙으로 짓고 거의가 기와지붕을 덮었다. 도로라고 할 수 있는 거리는 시내 동쪽과 서쪽으로 약 1백 미터쯤 될까 싶은, 거의 비슷한 두 갈래길로 나뉘었다. 성 안 북쪽에는 옛 고궁과 6년 전에 소실되었다가 복원된 궁궐 및 중요한 몇몇 육조건물들이 있었다. 궁궐 담벽은 북쪽으로 이미 앞에서 소개한 화강암 산에 맞닿고 남쪽으로는 문이 3개 나 있는 광화문('대화문, Thoi- hwa-mun, 이 남향으로 60척이나 되는 넓은 길로 통하고 있다. 오른쪽으로 각을 이루면서 대로를 가로지르는 지점에 종각이 서 있는데 그 안에는 서울에서 제일 중요한 7척 높이의 종이 매달려 있다. 이 종의 역할은 매일 아침과 저녁에 서울

▲ 한지를 만드는 광경(서울 자하문 밖)

▼ 무쇠가마솥을 팔고 있는 솥전

의 성문이 열리고 닫히는 것을 알려주는 것이다. 여기서부터 1백 척쯤 떨어진 세 번째 서남향 대로는 남대문으로 나가게 되어 있다.

서울에서 또 하나 볼 만한 것은 이층으로 지어진 상점가로, 아래층은 작은 가게들이 들어서 있지만 가게 입구가 거리쪽에 있는 것이 아니라, 안마당으로 나 있고, 그 안에서 주인이 웅크리고 앉아서 손님에게 물건을 판다. 이 가게들은 어찌나 협소한지 오직 주인 혼자만이 그 안에 서서 겨우 움직일 수 있을 정도이다.

주요 상품은 이 나라에서 생산되는 천으로 비단과 면, 신발, 한지, 유기(鍮器)와 가구이다. 신발은 중국 것과 같은 모양인데 가죽이 어떻게나 거칠고 빳빳한지 솜을 넣은 버선을 신지 않으면 아파서 견디기 어려울 것 같다. 한지는 조선과 일본에서는 같은 재료와 방법으로 만들지만 이 나라의 한지가 훨씬 더 두텁고 질기다.

이 시전 거리의 건물 높이는 20여 척에 지나지 않지만 성안에 빽빽이 몰려 있는 나즈막한 초가집과 대조가 되어서 실제보다 더 높아 보인다. 이 곳에 있는 상인들은 조합(Guild)에 속해 있으며 이들만이 성문 근처에서 중국 상인들과 교역을 할 수 있는 권리를 독점하고 있다.

거리 양쪽에 하수도 아닌 시궁창이

앞에서 소개한 두 '대로' 양편에 짚으로 덮은 곳간이 있는데 이 곳간이 바로 노점 겸 물품을 만드는 곳이다. 그래서 길은 더 비좁고, 밖으로 나타나는 모습은 가난하고 초라해 보일 수밖에 없다.

거리 양쪽으로 넓고 좁은 시궁창이 있는데, 그 근처에는 온갖 쓰레기가 수북히 쌓여 있다. 더 참기 힘든 것은 가옥 벽에서 밖으로 나 있는 구멍을 통해서 걸러내는 인분 냄새이다.

한 마디로 말해서 서울에서는 특별히 볼 것이 별로 없고, 거리는 더럽고 지저분하다.

이미 소개한 두 궁궐 외에도 서울에는 궁이 세 개 더 있는데 남대문 옆에 있는 '남궁'은 왕들이 혼사를 치르는 곳으로 평소에는 수위대장과 병졸들만 머무른다. 그 외에 특별한 때만 사용한다는 '남별궁'은 유일하게 중국 사신만을 영접하는 곳이다. 마지막으로 북쪽에 가장 호화스럽게 지어진 '운현궁'이 있는데 지금은 비어 있다. 이 운현궁이 호화롭다는 것은 중국식으로 지어진 건축물을 말하는 게 아니라 그 건물 내부의 크기를 말하는 것이다. 육조가 들어 있는 건물은 크기에 있어서 가정집과 별 차이가 없다.

조선의 인구는 현재 6백84만 명이며 왕실이나 국가가 결론적으로는 같지만 일년에 들어오는 세금이 3백80만 원이 조금 넘는다고 일본 영사 곤도 씨가 알려주었다.

이 글은 1883년 <Globus>라는 잡지에 실린 'J.H.Hall's Besuch in der koreanischen Hauptstadt'를 번역한 것이다. 홀 씨는 1882년 10월에 조선과 미국의 우호 통상협정 당시 미국의 사절단장으로 조선을 다녀가서 당시의 서울 모습을 서구에 이렇게 소개했다.

고향처럼 정든 조선
-1905년, 독일 의사 분쉬의 기록[40]-

고종의 시의로 부임한 분쉬 박사

조선왕조가 이미 걷잡을 수 없이 기울어지고 일본의 세력이 조선의 정치를 조종하고 있을 때, 의대를 갓 나온 장래가 촉망된 한 독일 의사가 당시 일본에서 서양 의학계를 형성하면서 일본 황가의 시의역을 맡고 있던 벨츠[41] 교수의 알선으로 고종의 시의가 되어 1901년 11월 2일 제물포항에 도착했다.

제물포에서 약 한 달 간 머무른 후 서울에 들어왔는데 이때부터 분쉬 박사의 4년간의 한국 체류가 시작된다. 분쉬 박사가 와 있는 동안의 조선은 세계 정치 · 경제의 흐름에 휩쓸려 자의반 타의반으로 서구 나라들과 통상조약을 체결한 지 얼마 안 된 데다가 세계 정세에 어두운 조정과 대신들은 일본과 청나라의 간섭 사이에서 갈팡질팡하고 있었다.

서구는 우선 교역을 목적으로 조선과 통상 협정을 원했는데 곧 우매한 한국의 조정을 이용하려는 저의를 품고 한국에서 헐값에 가져다가 본국에서 생산한 물품을 다시 이 나

---

40) 1901년 말에 고종 황제의 시의로 부임했던 분쉬 박사는 1905년 청일전쟁에서 이긴 일본 세력이 반도를 사실상 지배하면서 서구인들의 출국을 강요할 때 일본으로 떠난다. 그 후 독일의 보호지역이었던 중국 칭타우에서 병원을 운영하다 장질부사에 걸려 젊은 나이에 생을 마친다. 분쉬 박사의 외동딸이 아버지의 유적을 모아서 발간한 저서임.

41) Erwin Bālz(1876~1905년 일본 체류).

라가 수입품으로 받아들여야 하는 압력적인 수입조항을 넣었다. 그중에서도 가장 악랄하게 이 나라의 '우매함'을 이용해서 약탈하던 나라는 일본과 러시아라고 독일인의 견문기들은 알리고 있다. 그러나 서구인들 역시 초록은 동색이라고 이러한 상황에서도 이왕이면 일본보다는 같은 유럽국인 러시아가 조선 조정에 정치적 영향을 줄 수 있기를 더 바라고 있었다.

고종 황제의 시의로 이 나라에 온 분쉬 의사는 완고한 대신과 내시들에 둘러싸여 정작 황제에게는 감히 접근하기도 어려운 명분뿐인 시의역에 실망이 컸다. 황제와 접촉하는 것마저도 어려웠으므로 무료한 날을 보내는 동안도 분쉬 박사는 일반 환자를 진료하면서 의사의 본과제를 수행하려고 노력하였다. 병원을 신설해 주겠다던 고종 황제의 선약은 언제였나 싶었다. 간혹 가다 한의가 죽음을 선고한, 더 이상 살 희망이 없는 환자를 데리고 찾아오는 가족이 고맙기도 하고 안쓰럽기도 했지만 두려운 마음이 동반하는 것도 감출 수 없었다. 서양 의술을 전혀 모르던 서민들을 깨우치고 인정을 받기까지는 역시 오랜 시일이 필요했다. 다시 건강해진 환자의 치료비는, 닭고기와 달걀을 너무 많이 먹어 이제는 지겹다고 독일 부모께 알릴 정도로 물품으로 대신했다.

입국 후 한 동안 분쉬 박사의 경제사정은 좋은 편이 아니었으나 다행히도 서울에 체류중인 외국인 진료비로 충당할 수 있었다. 분쉬의 소일거리는 각국 외교관들과 교류하거나 오가는 독일인들을 영접하고 서울과 그밖의 지역을 안내하는 일이었다.

분쉬 박사는 다양한 직업을 가진 고향 사람과 서구 이웃 나라 사람들을 통해서 유럽에서 발간되는 극동아시아의 정치, 경제에 관한 글을 많이 읽을 수 있었고 반대로 조선 국내에서 일어나는 최근 일들을 이들에게 알려주기도 하고, 고향 신문에 기고하기도 하면서, 다른 한편으로는 조선에 관련된 최근의 정세를 양친, 스승이나 사모하던 여인[42]에게 보내는 편지나 일기를 통해 알렸다. 다만 그가 4년이나 서울에서 살았으면서도 서울을 소개하는 부분은 비교적 많지 않은 편이다.

일본이 자기들 마음대로 다루기에 부담스런 유럽 사람들을 강요하다시피 조선에서 내몰 즈음에야 분쉬 박사는 조선과 서울에 정이 들기 시작했는지 이 곳에서 계속 살고 싶

---

42) 후에 고향에서 약혼하고 중국 칭타우로 이사가서 결혼.

다고 부모님께 알리고 있다.

분쉬 박사가 애인에게 보낸 편지

서울에 도착한 지 5개월 후인 1902년 3월 어느 날 분쉬 박사는 마음에 그리던 애인에게 쓴 듯한 편지에서 다음과 같이 서울을 그리고 있다.

"이제부터 그대를 남산으로 모시고 가서 여기서 보이는
서울을 설명하겠소. 서울 시내는 굉장히 크고 높은 바위들
로 둘러싸인 아늑한 계곡 안에 자리잡고 있으며 크고 작은
나즈막한 오두막집들은 마치 막 곡식을 심어서 자라고 있
는 밭과 같은 인상을 주오. 다만 유럽의 성(城) 건축모양
을 본따 지어진 낯선 외교관저들만이 이러한 단조로움 속

에서 더욱 두드러져 보일 뿐, 대부분의 가옥은 두꺼운 볏짚이나 검은 기와로 덮여 있어요. 이러한 모습 전체가 또다시 가파른 산등성이를 타고 올라가면서 계속 뻗어 있는 수 마일의 거대한 성곽으로 둘러싸여 있어요. 이 성곽의 동, 서, 남, 북 네 방향으로 외부와 통하고 있는 웅장한 성문이 있는데 이 성문들은 중국 건축풍의 거대한 화강암으로 만든 월단(타원형 덮개)이 육중하고도 앞으로 뻗어나온 지붕을 이고 있소.

이 사대문 외에도 몇 개의 소문(小門)이 있지요. 우리가 서 있는 곳에서 맞은편을 바라보면 오래된 소나무와 느릅나무로 둘러싸인 사이에 높다란 지붕만 보이는 가옥들이 모여 있는 게 보이지요? 이 건물들은 고궁인데 거대한 화강암으로 담을 둘렀소. 그런데 이 두 고궁은 현재 폐허상태로 버려져서 계속 허물어져 가고 있소. 황제가 지금 거처하는 건물도 궁이라고 불리기는 하지만 썩 훌륭하다고는 볼 수 없지만 외국 공관들이 들어서 있는 곳에서 별로 멀지 않은 곳에 있으며 낮은 오두막집들이 꽉 들어찬 사이에 화강암으로 거창하게 담을 둘러서 경계를 했을 뿐이오.

시내 남쪽 언덕 위에는 프랑스 카톨릭 선교자들이 최근에 지은 대성당이 우뚝 서 있고 교회 대지 안에 있는 큰 벽돌 건물들은 주교관과 사제관, 그리고 수녀원으로, 이 곳 수녀들은 현재 2, 3백 명의 고아를 데리고 살고 있소.

이제는 시내쪽으로 좀더 들어가면서 보이는 다른 편 언덕 위에 정원까지 겸한 자그마한 한옥 두 채[43]가 있는 곳으로……."

---

43) 분쉬 박사 자택.

분쉬 박사는 그리워하던 여인을 구입한 자택으로 안내했다.

이 집은 분쉬 박사 스스로가 조정에서 정해준 집이 비좁고 지저분하며 주위환경 등이 마음에 들지 않아서 독일 영사의 도움으로 아주 마음에 꼭 드는 집을 구해 보금자리를 꾸몄기 때문에 더욱더 자랑하고 싶었을 것이다. 월세가 85엔, 조정에서 지불하는 월세에 35엔을 더 보태야 했지만 조정에서 마련해준 집은 프랑스인의 제대장교에게 세를 주었기 때문에 손해를 볼 이유는 없었다. 몇 달 전까지 미국인 여선교사 두 명이 살다가 이사를 갔는데 문지기, 요리사, 보이(Boy) 등을 넘겨받을 수 있었다. 조정에서도 곧 통역관을 딸려주었는데 분쉬 박사가 이 통역관의 김치 냄새에 채 익숙해지기도 전에 다른 독일어학교 학생 2명과 함께 반정자(反政者)로 체포되었다.

분쉬 박사는 그래도 큰 뜻을 품고 찾아온 이 조선 땅에서, 생판 낯선 문화 속에서 언어소통이 거의 불가능한 생활을 하고 있었음에도 " 외부의 정치적인 압력만 없다면 아름답고 편안한 이 나라에서 살고 싶다"는 뜻을 서울에 온 지 반 년도 채 되기 전에 부모님께 보내는 편지에서 비치고 있다.[44)]

지금은 나무들이 무성히 자라서 시내가 잘 안 보이지만 90년 전인 당시에는 남산 위에서 보는 서울 경관은 외국인들의 호기심을 사로잡을 만큼 환상적이었으며 경탄을 받기에 충분했다.

그 해 5월에 조정이 궁의 남향 담을 따라 서 있는 외국공

---

44) 1902. 4.

관 근처의 목공(木工)시전으로 나 있는 길을 완전히 막으려고 했으나 외교관들의 항의로 일방통행만 허락했는데 이는 조정이 외교관들을 불신했기 때문이라고 분쉬 박사는 덧붙였다.[45]

외국인 여행자들은 한결같이 '지저분한 서울 거리'라고 했고 분쉬 박사 역시 '길 도처에서 설사를 하는 모습을 보면 식욕이 날 수가 없지요'라고 꽤 점잖게 표현은 하고 있으나 참기 어려웠음을 여실히 나타냈다

반면에 분쉬 박사는 일기에 어느 화창한 초여름 날[46] 자하문 밖으로 나가서 북한산 등산을 갔다가 체험한 아름다운 자연과 찾아갔던 사찰을 자세히 소개하고 있다.

분쉬 박사의 북한산 나들이

" 새벽 4시에 일어나서 5시에 가터만 씨와 나는 '오성금'이라는 하인을 대동하고 궁을 지나 북서문 밖으로 나섰다. 상쾌한 아침, 말 할 수 없이 아름다운 식물들을 보면서 계속 들어간 골짜기에는 천에 풀을 먹이고 표백하는 공장(아마 가공처리장)과 종이를 만드는 곳이 있었다. 언젠가 또 한 번 사진을 찍으러 와야겠다. 이 골짜기를 '용창'(저자:평총=평창)이라고 했다. 계곡에는 물이 흐르고 물 속에는 넓고 큼직한 화강석들이 많이 있었는데 그 바위에는 크게 한자 글씨들이 적혀 있었다. 물은 아주 맑았다. 거기서 몇 명의 아낙네들이 빨래를 하기도 하고 남정네들은 아직도 김이 무럭무럭 나고 있는 누리끼리한 남자 저고리감을 표백하기 위해서 집 주위에 마련된 빨래대에 널고 있었다.

45) 1902. 6. 8 일기에서.
46) 1902. 6. 8.

▲ 북한산성 북쪽으로 나있는 함북문 그 옆으로 오간수문이 있고 아래로 세검천이 흐
르고 있다.

　등산길은 동네 밖으로 빠져나가면서 두 번 오른쪽으로 돌아서 좁고 불그스레한 모래 언덕으로 뻗어 있었다. 우리를 앞질러 나무꾼 3명이 올라간 이 등산길은 승가사로 가는 길로 올라가기에 별로 힘이 들지는 않았다. 올라가는 주변에는 나무들이 거의 보이지 않았고 오랜 세월이 흐르면서 갈라진 쑥돌 조각들이 널려 있었다. 앞에는 북한산 북서쪽 부분의 거대한 봉우리들이 펼쳐져 있었다.

　승가사에 도착할 즈음부터는 여기저기 나무가 보이기 시작했는데 그중에서도 특히 낙엽송이 많았다. 자그마한 뜰을 지나 몇 개 계단을 올라가니 소규모의 절들이 나타났다. 절 맨 위에 불상이 안치되어 있는 건물이 있었고 아래에는 약간 쓸쓸한 맛이 나는 시원한 약수가 흘렀다. 그 곳에서 아침식사를 하면서 가지고 온 통조림을 따느라고 재주를 부리고 있는 참에 전에 내게서 치료를 받은 적이 있는 한 사람이 옆을 지나다가 나를 보고는 무척 뜻밖이라는 듯이 반가운 표정을 지었다. 그 사람과 함께 입상 부처 뒤에 흐르는 약수터에 가서 물을 마셨는데 그 물은 아주 시원했다.

우리가 서울에서 출발한 시각은 새벽 5시였고 승가사에 도착한 때는 7시 20분이었다. 여기서 약 5분쯤 올라가면 화강암으로 된 절벽이 나오는데, 거기에는 돌로 만든 보관(저자:석조천개)을 쓴 불상 조각이 새겨져 있었다. 보관 네 귀퉁이는 작은 청동 종으로 장식이 되어 있었다. 불상의 높이는 10미터 정도였다. 여기서는 서울이 아주 잘 보이고 시내 한복판에 자리잡은 프랑스 공관이 더욱 돋보였다.

아침식사를 하고 있는 우리 주위를 에워싼 승려들은 예쁘장하고 마음씨가 고운 얼굴로 보였고 짧게 깎은 머리에 조선 사람들이 주로 입는 평복차림을 하고 있었다.

우리가 8시 30분에 절을 출발할 때 한 젊은 승려가 우리 앞길을 안내하겠다고 따라나섰다.

파란 난꽃들, 예쁘장한 보라색 아카시아꽃, 조그마한 잎사귀가 달린 떡갈나무와 산머루(야생포도)로 어우러진 너무도 아름다운 식물 세계!

올라가는 주변에는 나무라고는 별로 보이지 않았으나 여기저기에서 지게를 멘 나무꾼들이 보이고 이 나무꾼들이 지르는 묘한 소리가 건너편 바위에 부딪쳐 아름다운 메아리로 들리는 것이 마치 우리에게는 스위스 요들처럼 들렸다.

갈수록 가파른 바위를 옆에 끼고 올라가야 되는 산길이
었지만, 북쪽 계곡에서 부드럽고 싱그럽게 불어오는 미풍
덕분에 비교적 상쾌한 기분으로 올라갈 수 있었다.

남쪽 저 멀리 보이는 시내에는 엷은 안개(저자:연기)가
덮여 있었고 더 멀리 남쪽으로는 한강변의 넓다란 누런색
모래사장이 굽이굽이 돌아가면서 펼쳐 있었다. 강줄기는
해안에 널려 있는 수없이 많은 섬들을 향하고 있었고, 저
멀리 수평선 너머 푸른 나무로 덮인 섬들 사이로 햇빛이
반사되고 있어 그 곳이 바다임을 짐작하게 했다.

잦은 뻐꾸기 울음소리, 비둘기의 구구소리가 뒤섞인 산
천의 경치가 거무칙칙한 암벽과 어울려서 펼쳐지는 모습
이 마치 푸른 하늘색을 배경으로 특색을 나타내는 우리나
라의 화가 뵈클린의 그림을 연상하게 했다.

북한산 계곡은 천상 거대한 자연요새로서 이 산등성이
에는 성곽이 둘러쳐져 있었다. 동북쪽의 최고봉은 험하게
갈라진 거무스름한 잿빛 화강암이었고, 북서쪽 좁은 계곡
에서는 물이 흘렀으며, 진달래와 자스민, 목련꽃들의 싱
그러운 향기가 우리를 매혹했다.

가까이 있는 산꼭대기로 올라가서 담장만 남고 문은
사라지고 없는 성곽에 도달했다. 우리는 이 성문을 지나
서 기가 막히게 아름다운 화강암벽으로 둘러싸인 계곡
으로 나왔다. 검푸른 숲속에 가려 잘 보이지는 않았지만
흰 옷을 입은 나무꾼들이 큰 소리로 아름다운 산울림을
만들었다.

바로 오른쪽 문수봉 아래로 찾아간 '문수사'에서 스님
들은 우리를 위해서 길이가 10미터, 입구의 넓이가 4 미
터쯤 되어 보이는 석굴 안에 돗자리를 깔아주고 맑고 시원

한 약수를 권하면서 융숭하게 대접해주었다. 바깥은 찌는
듯 더웠으나 이 곳은 아주 서늘해서 좋았다.

좀 쉬고 난 뒤 우리는 하인들이 대기하고 있는 곳으로 돌
아갔다. 그리고 '부황사'를 찾아 '인개 스님'의 안내로
좁고 험한 산계곡을 따라 내려갔다. 바로 그때가 정오 독
경시간이었다. 제단에는 쌀과 물잔이 놓여 있고 짙은 향내
음이 감돌고 있었으며, 연달아 울리는 목탁소리는 마치 천
주교 미사 때 울리는 쇠방울소리 같았다. 벽에는 아름다운
탱화들이 걸려 있었다.

머리를 짧게 깎은 승려는 약 30세쯤 되어 보였고 회색
승복을 입고 있었으며 그 위에는 또다시 뒷면에 노란색으
로 작은 무늬 두 점을 수놓은 넓다란 주홍색 띠를 두르고
있었다. 절 마당에는 바람개비가 있고, 그 옆 쑥돌 받침대

위에는 아주 유치하게 보이는 해시계가 놓여 있었다.

거기서 다시 '중흥사'로 갔는데 이 절은 예쁜 개울이
흐르고 있는 작은 마을 안에 있었다. 개울가에서 여인들
이 빨래를 하다가 우리가 오는 것을 보고 질겁을 하면서
숨었다. 저쪽 더 아래 개울위에 정자가 보이고 그 옆에는
판판하고 희끄무레한 화강암 벽에 덮개가 있는 비석 26
개가 서 있는 게 흡사 서양 교회의 마당[47]에 세워진 묘비

47) 공적이 새겨진 비문이 교회 내부나 마당 벽에 세워져 있음.

같아 보였지만 실은 북한산성의 성주 이름이 새겨진 것
이었다.

시험삼아 조선 신(짚신?)으로 바꿔 신고 1시 30분경
출발하였다. 지겁게도 찌는 더위, 그늘은 전혀 없는데 앞
에서는 회색 화강암 덩어리가 우리를 위협하는 듯했다. 부
황사[48]의 보배 스님이 불경을 마친 뒤 우리를 백운대로
가는 길까지 안내해주었다.

---

48) 이종대 역: 扶旺寺.

무더위에다가 길은 가파르고 우리는 모두 기진맥진해서 올라가면서 두 번이나 쉬어야 했는데 이 스님은 전혀 힘든 기색이 없었을뿐 아니라 오히려 내 옆에 서서 종이부채로 시원하게 부쳐주기까지 했다.

약 45분 동안 계속 올라갔더니 드디어 좀 그늘진 곳에 쉴 곳이 있었다. 여기서부터 북서쪽 벽을 따라 아주 험한 낭떠러지길을 올라가면 최고봉 사이에 있는 성문에 이르렀다. 잠시 휴식 후 마지막 여정인 등산길로 올랐다.

보배 스님과 하인 오씨가 나를 위해서 산 아래 20미터 지점에 가로질러 나무다리를 놓아주었는데 어지러워서 더 이상 갈 수가 없었다.

부황사에서 백운대까지는 1시간 30분이 걸렸다. 오후 3시 15분에 백운대에서 하산, 4시 20분에 부황사에 되돌아왔다. 5시에 개천을 따라 서울까지 걸었고, 저녁 8시경에 집에 도착했다. 어찌나 힘이 들었던지 목이 마르고 가슴이 가끔 뜨끔거린다. 가터만 씨는 그래도 잘 견뎠다 ".

이 글은 1901~1905년까지 한국에 체류했던 분쉬라는 독일 의사의 체험담을 그의 딸이 출판한 책 Fremde Heimat Korea. Ein Arzt erlebt die letzten Tage des alten Korea. Dr. Richard Wunsch 1901~1905 Herausgegeben von Gertrud Clausen-Wunsch, 1983, Verlag G. Simon &Magiera, München, 103쪽 중에서 요약, 번역한 것이다.

'금속활자' 의 열매는 어디에

- 1883년, 마예트 -

1883년 10월 26일 드디어 서울에서 한 · 독 통상수호 조약이 맺어졌다. 그보다 일년 전에는 이미 조선 왕실과 미국 사이에도 같은 통상조약이 체결되었다. 이번 한 · 독 통상수호조약을 체결하기위해 독일에서는 당시 일본 주재 독일 총영사였던 차페(Zappe) 씨가 독일 프로이센국 왕명을 받고 서울로 떠나게 되었는데 그때 마침 일본에 체류중이던 마예트(P. Mayet) 씨도 이 외교단 일행에 끼어서 한국에 갈 수 있는 기회를 얻었다.

이 글은 한 · 독 통상조약이 체결된 후 1884년 마예트 씨가 일본에 돌아온 뒤 일본에 체류하고 있던 독일인으로 구성된 극동민속학회에서 발표한 서울 기행문이다. 이 기행문에는 사절단 일행이 일본을 출발해서 제물포항에 도착할 당시부터 조정에서 보낸 호위병과 마부, 짐꾼 일행이 서울로 이동하면서 느끼고 본 '우스꽝스런' 체험담 이야기에, 서울의 이야기, 보고 들은 조선 역사 이야기이다.

일본에 뿌리내린 조선의 문화

한 · 독 우호통상조약을 맺기 위해 서울로 떠나는 차페 총영사는 나의 수행을 쾌히 승낙했고, 사절단 일행을 나가 사키항에서 제물포까지 데려다 줄 라히프치히 함정의 헬

빅히 선장 역시 나의 승선을 허락해주어서 오랜 동안의 숙원이던 조선 여행이 드디어 이루어질 수 있었다. 그 동안 나는 일본에 체류하면서 허다한 자료들을 진지하게 연구한 결과 일본이 조선 및 중국의 역사와 깊은 관계를 맺고 있다는 것을 알게 되었다.

동양학자 라인(Rein)[49]이 소개한 바에 의하면 한국은 지정학상 해가 뜨는 나라 일본과 중국 사이의 다리 역할을 하면서 불교와 유교철학, 언어, 법, 문학뿐 아니라 심지어는 동물과 식물까지도 조선을 통해서 일본으로 전해졌다. 조선 서해안을 통해서 백제 학자들과 승려들이 일본으로 건너왔고 사찰 건축에 필요한 공인들, 귀인들의 의복을 만들기 위해서 베를 짜는 기술자, 불경을 쓰기 위해 종이를 만드는 제지업자들도 건너왔다. 또한 전례를 위한 음악과 춤, 잔치에서 흥을 돋우는 데 빠질 수 없는 술을 빚는 법을 전해준 이도 백제인이었다. 그뿐인가. 신도 예식에 사용하는 거울도 한국에서 처음에 들어왔고 사제들이 쓰는 가제 가면도 한국의 영향을 받은 것이다.

도자기를 만드는 것도, 구리를 녹여서 글자를 만들어 썼던 인쇄술도, 술을 빚는 법도 모두가 한국에서 전해졌다. 이처럼 헤아릴 수 없이 많고 귀한 문화를 창조한 태종, 세종대왕을 낳은 나라 조선을 찾아보고 싶은 것은 너무도 당연한 인간적인 욕망이었다고 할 수 있다. 이번 기회에 체험한 조선에 대한 나의 인상을 발표하기 전에 에르네스트 사토브(Ernest Satow)[50] 박사의 저서에서 한 구절을 인용한다.

" 영락(永樂)[51] 1 년 춘(春) 2 월에 태종대왕께서 신하

---

49) Rein, 일본에 관한 저서.
50) Ernest Satow, Japan, 1882.

▲ 조선의 주교통수단인 조랑말. 한 선비가 마부를 앞세우고 나들이에 나섰다.

▲ 농가 마당에서 키로 겨를 날리고 있다.

▼ 연자방아간

들에게 이르기를 백성을 다스리려면 책을 많이 읽어야 스스로를 감시할 수 있고 행동을 조심하며 가정을 덕으로 이끌어 가야 국가의 질서와 규칙을 세우는 데에 어려움이 없다. 우리나라 조선은 바다를 건너야 중국에 가게 되니, 문헌이 부족하다. 목판으로 책을 만들려면 온전하지도 않을 뿐더러 지금 우리가 가지고 있는 책들만도 다 복제하기가 어렵고 백성들에게 널리 알릴 수도 없다. 그런 이유에서 책을 널리 펼 수 있는 방법을 강구하려고 하는데 짐은 백성에게 부담을 주지 않기 위해 사재를 내놓겠노라 하셨다."

그 후 금속활자를 만들고 중국 성현의 문헌 중 시, 역사 책들을 복제해서 백성의 수준을 높혔다. 이 업적은 조선 사람들의 영원한 복이라 하겠다.

금속활자는 조선인의 영원한 복

조선에는 이러한 이상(理想)을 가진 왕이 있어 백성을 깨우치고 사회도덕관념을 견고히 쌓고 있을 즈음, 유럽에서는 세 교황이 로마, 아비뇽, 피사 시에서 교권다툼을 벌이고 있었으며, 벤첼(Wenzel)과 루드비히(Ludwig) 두 왕의 권력 다툼이 한창이었고, 콘스탄츠(Konstanz)의 종교회의에서는 요한 후스(Johann Hus)를 화형에 처하는 사건 등이 벌어지고 있었다.

그러나 이처럼 화려하게 가꾸었던 밀알에서 얻은 오늘의 열매는 어떻고, 이 모든 업적을 바탕으로 자란 나뭇가지가 얼마나 무성하게 되었는가?

조선 사람이 얼마나 재치가 있는지에 대해서 조선 주

---

51) 저자 : Yung-lo = 1403년

▲ 제물포 해안에서 본
고기잡이배

재 프랑스 리델 주교의 경험담으로 대치하고 싶다. 한 번
은 리델 주교가 망가진 시계를 조선 사람에게 고쳐보라
고 주었더니 생전 시계를 만져본 적이 없었음에도 불구
하고 며칠 후에 꼭 같은 시계를 만들어주어서 너무 놀랐
다고 했다. 나 역시 서울에 있는 동안 내가 묵고 있던 방
에 세워져 있던 풍류를 묘사한 그림의 병풍을 보고 경탄
을 금치 못한 적이 있다. 어느 서양 사람이든지 이 병풍
을 보았다면 갖고 싶다는 욕망을 참지 못했을 것이다. 화
법이 완벽하다고 할 수는 없었지만 얼굴의 표정이 마음
속 깊이 파고드는 인상을 주었다. 이처럼 섬세하고 완벽
한 묘사가 가능한 조선 화가의 재능은 가히 놀라운 것이

었다. 이 병풍은 전에는 왕실에 있다가 지금은 한 독일선
교회 수도원의 소장품으로 조선인의 뛰어난 예술성을
확증해주고도 남는 작품이다.

서울로 가는 길에 흙탕물 목욕

　제물포 앞바다에 정착한 라이프치히 함정에서 내려 우
리는 10월 27일 아침 제물포항으로 떠났다. 바위들로 엮
어 막은 방파제에 도달했을 때 맨 먼저 보인 것은 이마에
한자가 쓰인 두건을 두르고 두 명씩 짝을 지어 질서정연하
게 다가오는 짐꾼들이었는데 이들은 배에서 동전에 섞을
납이 든 궤짝들을 끌어내리느라고 바쁘게 움직였다.

　조선인 '노예'는 그 노예를 부리는 주인과 같은 민족
이다. 범죄자가 노예가 되는 경우가 대부분이고 이들은
주로 제주도나 다른 해안지역에서 부역에 종사한다. 양
민이 노예가 되는 경우도 있는데, 이러한 경우에 여자는
양반의 가정에 하녀로 팔려가고 남자들은 남의 집 하인

이 되거나 마부간, 감옥에서 종사하기도 한다. 양가(良家)의 부녀자가 노예가 되는 것은 가혹한 형으로 죽는 것보다 더 처참한 운명이다. 현재 조선인의 선조였던 고구려시대에도 노예제도가 있었다고 씌어 있다. 바로 얼마 전까지만 해도 이 나라법에는 처형된 자의 가족 중 여자들은 매춘부로, 남자들은 고자로 만들던 형벌이 있었다. 아무리 큰 죄를 지은 자의 식구들이라 해도 다시는 이런 일이 없기를 바란다.

우리 짐을 운반하기로 되어 있던 짐꾼들과 우마차가 아직도 도착하지 않아서 우리 함정의 선원들이 해군 소위의 지휘를 받으면서 우리들 짐을 내려 세관으로 운반했다.

더 재수가 나빴던 것은 선박에서 미리 내려 보냈던 큰 짐들이 해안에서 꽤 멀리 떨어진 바다 진흙 속에 박혀서 다음 밀물이 들어올 때야 움직일 수 있었던 일이었다. 그러나 우리는 선원들이 도와주어서 아무 일 없이 한 시간내에 뭍에 오를 수가 있었다. 우리가 뭍에 도착하자 그 사이에 짐꾼과 우마차가 모여들었고 우리가 타고 갈 말들도 준비되었으며 우리와 같이 서울까지 가게될 해리 파커스(Harry Parkes) 씨도 우리를 기다리고 있었다.

이 곳에는 정말 형용하기 어려운 소란스런 광경이 벌어지고 있었는데 인부들이 각자 소리를 지르며 서로가 더 적게 실으려고 밀고 떠밀리는 와중에 짐들이 여기저기 섞여서 실리는 등 난장판이었다.

8시 30분에 차페 총영사가 도착해서 나머지 일은 부틀러 씨에게 맡기고 어서 떠나자고 재촉을 했다. 선두에는 빨간색 군복에 긴 말꼬리가 늘어진 장식을 한 검정색 모자를 쓴 군관 두 명이 앞섰는데 무기는 갖고 있지 않았다. 날씨가 싸늘해서 우리는 일단 걸어가기로 했다. 우리 뒤에는 말 두 마리와 내 모포가 덮인 교자가 따랐다. 몇 천 보나 걸었을까, 뒤를 돌아다보니 내 모포가 놓인 교자와 교자꾼 8명이 감쪽같이 사라져버렸다. 그래서 나는 말을 급히 잡아타고 제물포로 되돌아갔으나 교자와 인부들은 전혀 찾아볼 수가 없었다. 이 사실은 곧 차페 영사에게 알려졌고 차페 영사까지 되돌아와서 책임기관에 강력한 태도로 조사해줄 것을 의뢰했더니 제물포 현감이 나를 위해 조선산 조랑말 한 마리를 보내면서 조정에서 인부들을 강제로 동원했기 때문에 중도에 도망을 쳤으나 내 모포는 찾아서 되돌려줄 것이고 인부 4명은 목이 잘리게 될 것이라고 알려왔다. 우리 역시 회답을 하기를, 인부들이 중형에 처해지는 것은 우리의 의도가 아니니 내 모포만 돌려주기를 청했다.

이 나라에서는 사람의 목을 자르는 것이 너무도 손쉽다. 우리가 서울에서 임무를 마치고 같은 통로로 귀국길에 올랐을 때 조반을 겸해 휴식을 하면서 체험한 것인데, 휴식처에서 50~60척 떨어진 곳에 소총 3자루를 맞대어 세워놓은 듯 대나무 가지를 삼각형으로 세우고 거기에 피가 묻은 사람의 머리를 매달아놓았는데 이마에 둘린 종이 쪽지에 한자로 참수형의 이유를 화재범(火災犯)이라고 적었다. 또 우리보다 하루 전에 같은 길로 떠난 영국 사절단 일행도 성밖으로 나가는데 잘린 머리가 여기저기 널려 있고 머리가 없는 시체 15구를 옆으로 치우면서 지나갔어야 했다. 이 또한 죄명이 화재범(火災犯)이었다. 바로 우리가 성밖으로 나가는 길목에 처형장이 있었다

조선의 잔인한 참수형

달레(Dallet)[52]의 저서 『조선교회사』에는 "일반 범죄자를 처형하는 곳은 서소문 밖에 있는데 포졸이 참형자를 등에 업어서 달구지에 태운다. 달구지 안에는 십자가 모양으로 세운 나무에 죄인의 팔을 묶고 처형장인 서소문 밖으로 나가서는 죄인이 탄 달구지를 언덕받이로 굴러내려가게 하는데 이 내리막길은 어찌나 가파르고 돌맹이가 많은지 죄인을 태운 달구지가 몇 번씩이나 훌쩍훌쩍 뛰어넘으면서 아래로 내려간다. 처형장에 도착하면 죄인을 끌어내어 옷을 벗기고 무릎을 꿇게 한 뒤에 목을 자른다.

반역자 같은 큰 죄인은 지금은 참형 후 팔과 다리를 자르지만 과거에는 황소 4마리가 사방으로 끌면서 사지를 찢어 죽였다. 이런 '사지를 찢고 팽형……' 형벌은 일본고서(古書)에서도 나타난다.

이처럼 잔인한 형벌은 유럽에도 있었다. 초창기에는 산 사람을 마차 바퀴에 묶어서 죽이다가 후에는 시체만 자르는 형으로 바뀌었다. 우리가 살고 있는 요즘에 들어와서야 사형법 폐지를 구상하고 있다. 일본도 이제는 문명국이 되었으니 이 나라에도 머지 않아 처형법이 완화되는 단계까지 오게 될 것을 의심하지 않는다.

우리가 다시 제물포를 떠나서 서울로 향한 지 두 시간쯤 지났을까, 몰래 사라졌던 교자꾼들이 내 모포가 덮인 교자를 메고 와 살그머니 우리 뒤를 다시 따라오고 있었다.

아마도 우리가 걸어서 가기로 했기 때문에 이 교자꾼들은 우리가 자기들이 필요없다고 생각했던 모양이다. 말이 통하지 않기 때문에 생긴 작은 오해였다.

---

52) Dallet, Historie de Eglise de Coree , Paris, 1874.

흙을 발라서 지은 초가집이 모여 있는 작은 마을을 지날 때 초가집 담장 안으로 돼지와 닭들이 보였다. 또 가끔 소를 데리고 논에서 일하는 농부도 보였다. 밭은 황폐해 보였고 화강암으로 덮인 주위의 산 계곡 사이사이에 논과 옥수수밭은 가뭄 때문에 말라비틀어진 벼와 채소는 수확할 가치가 없다고 여겼는지 그대로 버려져 있었다. 한쪽에는 추수한 볏단을 묶어두었는데 나락이 많아 보이지는 않았다. 춘궁(春窮)이 심하겠다.

방망이를 나무통에, 알고보니 절구통

호기심이 많아 보이는 주름살이 진 할머니들 몇 명 외에는 여자라고는 보이지 않았다. 단 한 번 나이가 들어보이는 남자와 방아를 찧고 있는 한 처녀를 본 적이 있었는데 일본에서처럼 디딜방아가 아니라 방망이채를 나무통(절구통)에 똑바로 내려치는 식이었다.

가는 도중에 비가 오기 시작하면서 땅은 자꾸만 질척해지고 운이 없게도 이때 조선산 말 안장 끈까지 끊어져서 나는 일행을 먼저 보내고 교자로 바꿔탈 수밖에 없었다. 앞으로 조선 여행을 계획하는 외국인을 만나면 말 안장과 가죽을 부드럽게 문지를 수 있는 비누를 꼭 가지고 오라고 당부하는 것을 잊지 않겠다. 그뿐이랴, 나를 태우고 가는 젊은 교자꾼들은 아직 경험이 부족했다. 길은 점점 더 진흙탕이 되어가고 신발에 달라붙어서 우리는 미끄러지지 않으려고 애를 썼지만 우리는 계속 뒤로 처졌다. 물론 내 뒤에도 몇 명이 더 따라가고 있었다.

도중에 길이 갈라지는 곳에 다다라서 말과 교자를 탄 일행은 오른쪽 길로, 그외 일행 모두는 왼쪽 길을 택했다. 날

▲ 여인들의 절구질

은 점차 어두어 지고 비는 억수같이 쏟아졌다. 좁은 방둑으로 가는 사이에 우리는 두 번이나 개천을 건너야 했는데 하인들은 앞뒤에서 물속으로 빠지고 교자를 탄 나는 이쪽 저쪽으로 부딪치면서 흔들거리는 게 마치 내가 물 위에 둥둥 떠 있는 가방 속에 들어 있는 것처럼 생각되었다.

오후 6시 30분쯤 되니 밖은 앞이 안 보일 정도로 캄캄해졌다. 우리를 안내하는 조선인들에게는 어두운 길을 비칠 등도, 사전의 준비라고는 전혀 없었다. 빈틈없는 일본인과는 너무도 달랐다.

드디어 오두막 한 채를 발견했다. 문이 잠겨 있어서 한참이나 두드리고 소리쳐 부른 후에야 주인이 겁이 난 표정으로 빼꼼히 문을 열었다. 우리는 행여나 문이 닫힐세라 방안으로 급히 들어섰다. 방에는 등잔불이 하나 켜져있고 작은 창이 둘, 흙으로 만든 화덕이 있었다. 이 화덕이라는 것은 우리처럼 빵을 굽는 용도로 사용하는 것이 아니라 사람을 구워내는 화덕으로, 화열(化熱) 역시 화덕에서 나오지 않고 방 밖을 통해서 나오게 되어 있었다.

방 안에 앉아 있던 남자 3명이 머리카락이 빨간 우리를 보고 놀란 듯이 쳐다보았다. 길을 비칠 등은 여기서도 찾을 수가 없었다. 할 수없이 우리는 지푸라기 뭉치에 불을 붙이게 했으나 금세 타버려서 가는 길이 더 캄캄해지는 것만 같았다.

도저히 더 이상 갈 수가 없어서 우리는, 다음 집에 들어가서는 교자를 안으로 들여오게 해서 밤을 지새기로 했는데 방 안에 같이 있던 조선 사람들은 옷에서 무엇인가를 찾아 불에다 태우는 제사를 지냈다.[53] 창고처럼 넓은 이

---

53) 이를 잡아서 화로에 넣은 모양.

방에는 창은 없고 그저 문만 하나 있었는데 내가 이 문을 열려고 하니까 못 하게 막았다. 아마도 여자들의 거실이었던 것 같다.

이 방은 그런 대로 깨끗한 편이었지만 한 방에서 20여 명이 밤을 새우는 동안 공기가 무척이나 탁해져서 구역질이 날 정도였다. 동이 틀 때쯤 우리는 영국산 맥주 반 병으로 아침을 때우고 출발했다. 교자꾼들은 첨벙거리면서 물을 건너야 했지만 다행히도 나는 젖지 않았다. 나중에 들은 얘기지만 차페 총영사는 그 전날 밤 개천을 건널때 물이 어찌나 찼는지, 거의 마비상태가 될 정도로 발이 시려서 물속에 잠겼다는 자체도 느끼지 못 했다고 한다. 또 부틀러 씨를 맨 교자가 물 중간쯤 건너고 있을 때 교자꾼 사이에 갑자기 말다툼이 생겼다. 그네들이 입으로만 다툰 게 여간 다행한 것이 아니다. 조선 사람은 천성적으로 감정이 격해서 참지를 못 하는지 말다툼을 자주 하는 것 같다. 이런 일은 거리에서도 종종 볼 수 있는데 조선 사람들은 항상 큰소리를 질러서 주위를 떠들썩하게 만든다. 한 번은 서울에서 머물던 옆집에서 남자 12명쯤이 온갖 손짓 발짓을 다하면서 소란을 피우기에 이 사람들이 우리 독일 선교관으로 쳐들어오는 줄로 오해한 적도 있었다. 나중에 들은 얘기지만, 그 옆집 주인이 여자 노비 한 명을 두 가정에 팔았다고 사람들이 항의를 하러 몰려 왔다가 장본인이 없어 돌아갔다는 것이다.

천주교도의 순교 현장

흠뻑 젖은 채 건너는 우리 일행 앞에, 개천 맞은편 논밭 사이를 지나서 멀리 서울을 끼고 있는 강가의 모래사장이 나타났는데 이 모래사장은 국내에서 숨어지내면서 선교를 하던 프랑스인 반네 주교와 프랑스 선교사 3명이 1865년에 처형당한 곳이었다. 그렇지만 이 선교사들이 고집을 부리지 않고 이 나라를 떠나겠다고만 했더라면 생명까지 잃지는 않았을 것이다. 당시 국문을 한 대원군은 현왕(現王)인 14살짜리 아들을 그 자리에 참석하게 했다. 그런데도 이 신부들은 끝까지 굳건한 신앙심으로 조선 신자들을 두고는 이 나라를 떠나지 않겠다고 했다.

판결문은 "죄인 누구 누구는…… 신앙을 버리지도 않았고 이 나라를 떠나라는 왕명도 거역하였으므로 참수형에 처하며 또한 참수를 하기 전에 온갖 고문이 따른다."는 내용이었다. 외국인이 참형될 때는 보통 범죄자의 경우와는 달리 포졸 4백명이 죄인을 참수할 강가로 끌고 가서 형을 주관하는 관원이 있는 천막 앞에 내려놓은 다음 반원으로 둘러싼다. 타원형 안에는 하얀 깃발이 꽂혀 있는 긴 기둥이 있는데 그 아래에 죄인을 내려놓고 두 팔을 등 뒤로 단단히 묶는다. 그런 후 형리(刑吏) 한 명이 죄인의 두 귀에 화살을 찌르고 다른 형리 두 명은 죄인의 얼굴에 물을 뿜어 뿌린 뒤 석회를 바르고 뒤로 묶인 죄인의 팔 사이에 몽둥이를 찔러넣어서 둘러매고 구경꾼들 앞을 돈다. 도는 횟수는 전부 여덟 번이지만 매번 좁아지다가 여덟 번째는 처형 중심부에 오게 된다. 죄인은 무릎을 꿇은 상태로 내던져지고 포졸은 죄수의 머리카락에 노끈을 매어 붙잡기 때문에 처형인들의 얼굴은 앞으로 깊이 수그러 질 수밖에 없다. 형리 6명이 긴 칼을 쳐들고 야수적인 춤을 추다가 소름이 끼치는 함성을 지르면서 죄인에게로 달려간다. 각 형리는 죄수 몸 어디에고 상관없이 두 번을 친 후 세 번째는 어김없이 목을 자르는데 군졸과 구경꾼들은 이때 소리를 합쳐서 "생은 끝났다"고 외친다. 잘린 목은 쟁반에 올려져 책임 군관에게 확인을 받는다.

1866년 박해(병인박해) 때 프랑스 신부 12명과 조선인 천주교신자 1만여 명이 이러한 형식으로 처형되었다.

우리 일행은 이 처형장 근처를 지나면서 지금도 조선내 어디에선가 숨어서 선교를 하고 있을 프랑스 사제 두 명의 용기에 경탄을 금할 수 없었다.

우리 외교관 일행을 서울까지 수행했던 선원 두 명이 제물포 앞바다에 정박하고 있는 함정으로 돌아가는 길에서 천주교 신자라는 표시로 십자가를 긋는 행인을 많이 만났다고 한다. 1884년은 천주교가 조선에 들어온 지 1백 년이 되는 해다.

마포라는 곳에서 우리는 나룻배를 타고 강을 건넜다. 강 건너편에는 아마도 우리를 기다리는 듯 흰 옷을 입은 수백 명의 사람들이 모여 있었는데[54] 그 군중 사이로는 새까맣고 못생긴 돼지들이 우왕좌왕하고 있었다.

나막신에 속이 보이는 모자를 쓴 조선인

서울 거리가 너무 더러워서 조선 사람들은 앞이 높고 뾰족히 나온 나막신을 신고 다니는 모양이다. 속이 환히 들여다보이는 모자(갓)를 쓰고 있었는데, 이 모자는 가는 대 또는 비단이나 광목으로 만든다. 더러는 그 위에 다시 기름에 절인 크고 누런 모자를 쓰는데 직사광선을 피하기 위해서나 혹은 비나 눈이 올 때 쓴다. 이처럼 큰 차양을 가진 모자를 우리는 중국산 차(茶) 광고 그림에서 자주 보았다.

─────────────────────

54) 농담?

그러나 이런 모자를 쓴 중국인은 그림에서만 볼 수 있을 뿐 실제로 중국에는 그런 모자가 없었다. 그런데 이처럼 그림에서와 똑같은 모자가 바로 조선에 있을 줄이야!

비가 올 때 쓰는 모자가 조선에 들어온 경로는 다음과 같다. 17세기 초에 만주족이 중국 명나라를 점령한 뒤부터 중국인의 복식에도 변화가 잦았으나 이 조선은 지리상 멀리 떨어져 있어서 직접적인 지배를 받지 않았다. 그래서 이 나라에는 명나라식 의상(衣裳)이 아직도 남아 있는 것이다. 남자의 항의는 흰 목면으로 만드들었는데 발목 아래를 졸라맨 볼록한 형의 바지였다. 상의는 청색 비단에 솜을 넣어서 짧게 만들고 소매는 길고 좁았다.

여자들은 바지 위에 넓다란 흰색 치마를 입는데 유럽 여
자의 치마와 비슷했다. 짧은 저고리와 치마띠 사이에는 누
런 유방이 보기 싫게 나와 있고 여리 여자들도 이집트 여
인들처럼 얼굴을 가렸다. 푸른색 (장)옷을 머리 위까지 뒤
집어쓰고 터키 여인처럼 얼굴을 가린 조선 여인들은 길을
가다가도 남자가 지나가면 급히 길 옆으로 비켜서든지 가
까운 데 있는 집안으로 숨으면서도 호기심은 또 얼마나 많
은지 장옷 사이로나 대문 틈으로 빠끔히 내다본다.

청소년들은 대체로 14~16 세까지 머리에 가르마를 타
서 뒤로 길게 땋아늘이기 때문에 뒤에서 보면 꼭 처녀처럼
보이지만 역시 남자들만이 갖고 있는 장난꾸러기의 천성
은 감출 수 없었다.

마포 마을을 떠나서 어느 한 계곡에 다다를 때까지 자주
바뀌는 자연 경관은 무척이나 아름다웠다. 황폐하고 마른
논과 무성한 채소밭 옆을, 황금색의 달콤한 열매가 주렁주
렁 열린 (감)나무들이 있는 마을도 지났다. 좌우의 산봉우
리는 끝이 없이 이어지고 산등성이는 잘 다듬어진 묘들로
덮여 있었다.

서울 거리는 쓰레기 산적지

이미 앞에서 소개했듯이 우리는 서소문을 통해서 서울
에 입성했다. 조정에서 우리에게 지정해준 숙소를 안내자
의 잘못으로 끝도 없는 골목길을 꼬불꼬불 돌아서 찾아가
야 했는데 이 비좁은 골목길에는 온갖 쓰레기가 쌓여 있었
고 처마에서 떨어진 빗물로 길 양쪽이 개천이 되어서 흙탕
물 바다를 이루고 있었다.

서울에 처음 오는 외국인은 서울 거리를 더럽다고 하겠

지만, 이미 베이징을 본 사람들이라면 그래도 서울이 아주 깨끗한 도시라고 할 것이다. 조선 가옥은 자그마하지만 방이 많다. 이 비좁은 집에서 나오는 인분이나 부엌에서 생기는 온갖 오물은 길거리에 겨울내내 쌓였다가 봄과 여름에 거름으로 쓰여진다. 쓰레기더미에서 가끔식 풍기는 악취는 정말 참기 힘들다. 이러한 불결한 환경 때문에 장질부사나 다른 열병들, 천연두, 콜레라 등 전염병이 잦주 생기고 참혹한 결과를 빚기도 한다.

골목 양쪽으로 줄지어 있는 작은 집들은 돌과 흙을 섞어서 지었다. 집 밖의 벽은 아래서부터 사람 키높이 만큼까지는 광석이 섞인 돌멩이를 깨서 벽을 쌓았는데 돌 하나하나를 새끼줄로 묶어서 전체를 서로 엮었고 그 돌 사이 빈자리는 흙으로 발랐다.

어느 집에서나 아주 조그마한 사각형의 종이창문을 통해서 침침한 빛이 새어나오고 있었다. 방들은 어찌나 작은지 한 사람이 누우면 꼭 알맞을 만한 사각형에, 밖에서 솔가지를 태워 방을 덥히는 데 거리에까지 연기가 자욱하고 연기내음 또한 지독하다. 밤이 되면 더욱 심해진다. 부엌 아궁이는 약 8척 거리마다 하나씩 있는데 여기서 쏟아져나오는 연기가 서울 시내를 뒤덮으니 깨끗해질 수가 없다.

오두막같은 집들은 짚이나 기와로 지붕을 덮었다.

우리가 머무른 집은 담벽에 대문이 붙어 있고, 대문 입구의 작은 건물 몇 채(행랑채)를 지나 안뜰로 깊숙이 들어가면 각각 독채가 있었다. 대문 입구에 있는 집들은 손볼 데가 많아 보였지만 안으로 깊이 들어갈수록 가옥은 멋있게 잘 지어졌다. 이 정도의 가옥과 내부 장식은 일본의 고

풍스런 건물보다 훨씬 뛰어났다. 가옥 아래벽은 잘 다듬어
진 화강암으로 만들어졌고 불을 지펴도 집이 연기에 그을
리지 않게 되어 있으며 방바닥은 알맞게 따뜻했다. 종이를
바른 이중 미닫이 창에 벽은 하얀 종이로 깨끗이 도배가
되어 있었고 방바닥에는 기름을 바른 황색 장판이 깔렸다.
다만 이 장판에서 나는 기름 냄새에 머리가 아파서 견디기
힘들었다.

자그마한 방들은 미닫이문을 뜯으면 큰 방으로 바뀌게
되어 있었으며 방 아랫목에는 비단 보료와 목침이 놓여 있
었다.

내부를 중국식과 일본식으로 꾸민 이 숙소는 조정에서
우리 독일 외교사절 일행을 위해 지정한 영빈관이었다.

차페 총영사의 숙소에는 별도로 아담한 정원이 있었는
데 일본에서 흔히 볼 수 있는 온갖 인위적으로 꾸민 모습
이 전혀 보이지 않았다.

정원에서 길게 뻗어 올라가는 언덕 위에는 독일 국기가 꽂
혀 있고 여기서 내려다보는 시내 경관은 아주 훌륭했다.

서울은 군사방위에 좋은 곳

서울은 오랜 풍파작용에 깎인 화강암이 많은 산들로 둘
러싸인 계곡 안에 자리잡고 있는데 북쪽 산에는 초목이 거
의 없고 남쪽에는 주로 소나무로 이루어진 수림이 있었다.
동쪽 산등성이는 내리막인 반면에 서쪽은 한강변을 향해
서 분지를 이루고 있었으며 산계곡에는 작은 마을들이 도
로를 따라 형성되어 있었다.

조선왕조가 서울을 도읍으로 정한 이유가 외부의 침략
을 막기 위해서였다면 서울은 정말 군사방위처로 적격이

▲ 독립문 방향의 서울
풍경

다. 그래서인지 길마저도 좁다. 직각으로 꺾어지는 골목이 많고 여기저기에 대로처럼 넓은 공간은 군사들의 집합 장소인 듯했다.

이 모두기 거대한 도성(都城)으로 둘러싸여 있는데 이 성곽은 2천여 척쯤 높은 산꼭대기에서부터 산등성이를 오르고 내리면서 계속된다. 성벽은 높이가 20~25 척쯤으로, 거대한 화강암으로 다듬어진 정방형의 돌덩이로 쌓았으며 성벽 대부분이 시가지와 연결이 되었고 성곽 위에는 외침에 대비해서 4 척 높이로 총구를 냈다.

　영국 사람 홀 씨는 이러한 방위 준비라도 대포 사격에
는 견딜 수 없을 것이라고 했지만 여하튼간에 복원이 잘
된 이 성벽을 따라 아주 멋있는 산책을 할 수 있었다. 그
래서 나는 사흘 동안 오후 시간을 이용해서 서에서 남,
북쪽을 다 돌아봤다. 탁 트인 경관과 지붕이 강처럼 널린
수도 서울 시내가 다 바라보이는 이 곳 산책은 누구에게
나 권하고 싶다.
　북쪽, 동북쪽에 위치한 왕궁들 이 왕궁 일부에는 왕가가
거처하고 있었고 다른 일부는 폐허로 방치되어 있었다. 종

묘와 사직단, 성균관[55] 등을 제외하고 나면 서울 시내에
는 별로 눈에 띄는 건물이 없는 편이다. 서소문[56]에 가까
운 곳에 조정의 곡식을 저장하는 건물이 눈에 띈다. 앞에
서 소개한 적이 있는 홀 씨가 서울에 다녀온 기억을 더듬
어서 그린 서울 지도는 별 만족할 만한 것이 못 된다고 여
기서 덧붙어야겠다.

황홀경의 서울 저녁 노을

우리 영빈관 정원 등성이에서 매일 저녁 성문이 열고닫
힐 때 울리는 나팔소리를 들으며 보는 저녁 노을은 너무도
아름다웠고 이 아름다운 황혼을 매일 즐길 수 있는 우리는
무척 행복했다. 보잘것 없고 비위생적이며 지저분한 시내
거리를 돌아다니는 것보다는 이 조용한 '은신처'에서 맑
은 공기를 마시면서 산책을 하고 지내는 편이 더 좋았다.

우리 일행이 서울에 도착한 27일과 28일에는 날씨가
그리 좋지 않았다. 비가 오다가 해가 뜨는 등 변덕스러웠
고 우박이 내리는 등 날씨가 험상궂어졌다.

그러나 31일 오후부터 11월 9일까지는 계속 청명한
날씨여서 해가 떨어진 후 30분~2시간 사이에 생기는 황
홀한 저녁 노을을 즐길 수 있었다. 어떤 때는 해가 사라진
자리에 그저 평평하게 붉은 노을이 비칠 때도 있고, 어떤
때는 불타는 듯 붉은 하늘이 장관이었으며 또 어느 날 저
녁에는 검붉은색으로 조화된 노을이 하늘까지 치솟는 모
습이 마치 창의 커튼같이 보였다.

매일같이 황홀감에 취해서 저녁 노을을 보면서도 우리
는 그저 이런 황홀한 현상이 조선의 10월과 11월에 보통

▲ 광화문 앞 육조
거리

---

55) 저자: 유교의 신전 Temple des Konfuzianismus.
56) 저자: 서문.

있는 것이려니 여겼었는데 이와 똑같은 현상이 31일 북 아메리카 텐데세와 멤피스, 인도의 마드리드, 일본의 수레이, 영국의 써쎈스 지방에서도 있었다는 사실을 나중에야 알았다. 우리가 서울에 도착한 지 10일이 지나서야 비로소 우리의 통역관이 정해졌는데 이 통역관이 별 생각도 없이 조선 사람들은 이런 자연현상은 반란이나 전쟁이 일어날 흉조라고 생각하고 있다고 전했다. 같은 날 영국 사절단에도 이 같은 소식이 전달되었다.

배타 감정 부추긴 일본 언론

3, 4일이 지나서 차페 영사와 우리가 교자꾼 8명의 호위를 받으면서 길을 가고 있는데 어느 한 양반집 담너머로 돌멩이가 날아와서 한 교자꾼의 발 앞에 떨어졌다. 그러자 우리를 호위하던 병사들이 깜짝 놀라 담을 넘어가려는 듯하다가 차페 영사가 이 사건을 모른체 하자 병사들은 또 누군가가 목이 잘리는 극형을 당할지도 모르는 일을 피해서 다행이란 듯이 '누가 장난했구나'라는 표정으로 우리의 뒤를 따랐다.

12월 초 도쿄 매일신문에 이 작은 사건에 관해서 다음과 같은 기사가 실렸다: '영국과 독일 사절단이 아직도 서울에 머물고 있자 외국인에 대한 조선인의 적대감이 고조되어 외빈의 신변을 위협했다'.

이 나라 사람들이 얼마나 미신을 신봉하는지를 설명할 수 있는 한 사건을 소개하겠다.

금년 여름은 가뭄이었는데 조선 사람들은 이 가뭄이 일본 공사관의 일장기에 그려진 빨간색 동그라미가 조선 땅을 말리기 때문이라고 생각하여 일장기를 내리라고 난리를 부렸다. 그뿐 아니라 1866년 천주교 박해가 있었던 해에도 심한 기아현상이 있었는데 이 역시 천주교 신자들 때문이라고 믿었다.

다행히도 10월 10일과 그 다음 날은 청명한 날들이어서 낮에는 가끔 흐렸지만 고운 저녁 노을은 자주 볼 수 있었다. 여기서 한 가지 보충할 것이 있다. 우리가 타고 온 라히프치히 함정의 말트찬(Maltzahn) 대위도 제물포에 정박하고 있던 10월 31일 같은 날 우리가 서울에서 보았던 빼어난 황혼을 경험했는데 갑자기 갑판이 잠시 동안 깜깜해졌다고 한다.

11월 28일에는 독일에서도 이와 비슷한 아름다운 황혼이 나타났다. 우리의 서울 체류중 체험한 천문 이상현상에 관해서는 더 이상 언급하지 않고, 헤쓰, 풀르드 두 선원이 기록한 기온만 알리면 다음과 같다: 11월 12일 처음으로 새벽 6시에 영상 2도, 바람은 북북서. 12일 전 같은 시간에는 영상 9도였음. 11월 24일은 가장 추운 날로 5.5도, 26일 저녁 6시 1.5도의 추위. 다음 날은 낮에도 수은주가 0도 이상 올라가지 않았다.

제물포는 추위가 더 심해서 우리 함정의 선원 30명이 동상을 입었다.

폐허가 된 궁궐의 산책

우리 일행은 폐허가 된 궁으로 산책을 갔는데 7년 전에 불에 탄채로 아직도 복구되지 않았다. 당시의 화재로 여러 사람이 죽고 다쳤는데 사람들은 이 사건도 역시 천벌로 받아들였다. 번개나 유성 때문에 불이 날 수도 있지만, 대원

▲ 폐허가 된 경복궁 동회랑 앞 영제교 주변의 한 서수(瑞獸)가 물없는 도랑 바닥을 내려다 보고 있다.

군이 백성들의 원성에도 불구하고 궁궐 공사를 강행했기 때문에 이런 낭설이 따랐을 것이다. 프랑스 신부 페롱이 1865년 11월에 서울에 머물면서 쓴 글 속에 어느 한 궁궐 건축에 대한 언급이 있었는데, 바로 우리가 찾아온 이 궁인 듯하다.

왕의 부친은 백성의 신임을 잃었다. 대원군의 무력정치, 탐욕, 인간의 생명을 경시하는 태도 등, 이런 모든 것이 백성들이 그에게서 등을 돌린 원인이 되었다. 대원군은 금년 초에 국왕인 아들을 위해서 새로 궁궐을 지으라고 명령을 내렸다. 궁이 들어설 땅을 다지는 기초작업에 동원될 인부 수만도 약 6만 명이라고 하고 건축설계 계획에 따르면 궁의 규모는 7백77칸으로 이 궁을 짓는 데 드는 비용은 상상할 수 없는 거액의 세금으로 충당해야 했다. 이러한 허영에 가까운 왕궁 건축 계획을 변명하기 위해서 생각해낸 것이, 땅속에서 글자가 씌어진 목판이 나왔는데 거기에 일본의 침략 때 방화로 폐허가 된 궁을 다시 복원하면 왕조가 부강해질 거라는 내용이 씌어져 있었다는 것이다. 그렇지만 이 글을 대원군이 써서 땅 속에 묻었다는 것을 의심하는 자는 하나도 없다. 대원군은 참혹한 천주교 박해 사건과 2년 전에 일어난 반란 등에 대한 책임을 묻는 중국에 납치당해 가서 지금 중국에서 강제 체류중이다.

서울에 있을 때 어떤 사람이 이 궁은 32년 전에 지어진 것이라고 했는데 이것은 틀린 말이다. 페롱 신부에 의하면 이 궁이 지어진 것은 19년밖에 안 되었다. 이를 뒷받침해 줄 수 있는 것이 또 있는데 정교하게 다듬어진 석물들이 오랜 역사와 고풍을 자랑하기에는 너무도 새롭게 보였다.

궁으로 가는 길은 150 척쯤 되는 넓은 대로이다. 아주 넓다란 2, 3층 층계 위에 건물도 사람도 지켜준다는 큰 화강암 사자 한 쌍이 앉아 있다. 계단 위 넓은 난간을 지나면 중국식 건축을 본따 입구가 3개인 웅장한 대문으로 들어가게 된다. 화려하게 색칠한 이 대문은 이층으로 지붕의 처마는 날아갈 듯 위로 굽어졌고 각 지붕 위에는 네 발을 가진 동물상이 8~12마리가 차례대로 줄지어 앉아 있다. 원숭이, 호랑이, 고양이, 사자 등. 이 동물상은 다른 성문에서도 볼 수 있는데 이는 신앙적인 의미를 갖고 있다. 어쩌면 12지신상과 관계가 있을 듯도 한데 동물의 수가 (12마리가 아니고) 모자란 것은 어쩌면 바람에 날려서 밑으로 떨어졌기 때문일 수도 있다. 각 동물상이 무엇을 묘사하고 있는지는 알아보기 힘들었다.

위에서 소개한 대문(광화문) 앞에는 높은 담으로 빙 둘러싸인 넓은 터가 있는데 이 광장은 몇 연대병력이 사열식에 참여한다고 해도 서로 부딪치지 않을 만큼 넓어 보였다.

궁을 둘러싼 담 중간에 또 다른 웅장한 건물로 통하는 대문이 있었으나 우리는 그냥 지나쳐서 커다란 화강암 석교에 도달했다. 이 화강암 다리 난간에는 정교하게 다듬어진 용머리와 괴물이 조각되어 있었는데 이 형상들은 한결같이 물속을 뚫어져라 응시하면서 엎드린 모습이었다.

다리 네 방향에 각각 동물 한 마리씩 장식되어 있고 그 다리 위로는 수양버들이 그늘을 드리웠다. 또 다른 궁 뒤에는 병사들이 거처하고 있는 집이 몇 채 있었다.

다시 옹기종기 붙어 있는 가옥들을 여기저기 돌아서, 밖으로 나왔더니 바로 거기에 화재로 폐허가 된 '경복궁'이 있었다.

견고하게 지어진 굴뚝만이 여기저기 널린 돌더미와 기와더미 사이에서 더욱 돋보였다. 여기서 다시 정방형의 담으로 둘러싸여 길게 뻗은 폐허지에 들어서면서 우리는 앞에 펼쳐지는 경관에 그저 황홀할 수밖에 없었다. 우아한 연꽃을 새긴 정방형의 화강암난간 아래 연꽃이 가득한 연못 중간에는 아무도 거처하지 않는 궁(누각)이 있었다. 주위를 정교하게 다듬은 화강암 난간을 따라 넓다란 화강암 다리를 건너면 역시 화강암으로 바닥을 깐 마루로 올라서게 된다.

황홀경의 경희루 주변

48 개의 거대한 화강암 기둥, 통채로 깎은 돌기둥늘이 임금님이 여름에 피서하는 궁궐 위로 올려다보였다. 이 궁 맨 안쪽에 높은 기둥을 받친 큰 건물(경회루)이 서 있었는데 사면이 모두 트여 있어서 먼 산의 전경이며 소나무가 우거진 궁궐의 정원이 잘 보였다. 직사각형인 이 누각에

▲ 백조가 노는 경
복궁 안의 경회루

창살문으로 여닫을 수 있는 기둥들은 화려한 당초 무늬로
장식되었다. 이 난간에서 내다본 경관은 연꽃이 가득찬 검
푸른 연못, 정원수로 장식된 궁의 뜰과 수풀이 잘 어울렸
다. 그 사이로 저 멀리 아른아른 보이는 성곽이 뻗쳐있는
산 계곡, 이 모든 전경은 우리를 너무도 황홀하게 했다. 기
둥으로 빙 둘러 지어진 카이로의 유명한 고 알라바스터 모
세에 견주어도 손색이 없을 아름다운 이 누각의 예술성이
더욱 놀라웠다. 지금까지 서울시내의 지저분한 거리만 보
아온 우리는 이처럼 뛰어난 조선인의 예술성을 미처 몰랐
다. 다음으로 한 웅장한 궁(근정전) 앞에 다다랐는데 유럽
교회처럼 천장이 높았다. 이 궁은 길이가 90척에 넓이는
60척이며 천정은 60~80척이나 되는 높은 기둥으로 받
치고 있었다. 대들보 위에서 지붕을 받치고 있는 서까래는

▲ 고종 황제가 대한 제국을 선포하던 무렵의 대안문(덕수궁의 대한문)

부드럽게 다듬어지고 화려하게 단청되어 있었는데 차곡차곡 쌓여진 서까래 모습은 마치 구름들이 다른 구름을 밀치면서 뭉실하게 커져가는 것 같았다. 이 중간에 '하늘(천개)'이 열리면서 황금빛으로 반짝거리는 비늘을 가진 용이 모습을 나타냈다.

이 '알현궁' 뒤쪽에 있는 계단을 몇 개 올라가면 주위가 용으로 장식된 천개 아래 옥좌가 놓여 있다. 양옆으로 늘이진 취장은 황갈색으로 거칠게 짜여진 목면이었다.

옥좌라고 하기에는 좀 미약한, 자그마하고 약간 높이 놓여 있는 의자에 왕이 좌정한다. 옥좌 뒤에는 소나무로 무성하게 뒤덮인 가파른 다섯 개의 산 봉우리가 그려진 병풍이 있는데 산 봉우리 위에 해와 달, 오른쪽에 폭포가 그려져 있었다. 이와 똑같은 병풍을 왕의 면접실에서도 보았는데 이는 아마도 중국 성인이 거처하는 산이나 불교에서 숭상하는 산을 표현한 듯싶다.

오퍼르트가 패쇄의 나라 한국에서 소개한 서울 근처의 산 모습과 꼭같아 보였다.

이 산수화는 좀 거칠기는 했지만 그런 대로 쓸 만한 화법으로 목면에 채색을 한 것이다.

섬세한 화문석이 깔려 있는 근정전에는 고관만이 출입할 수 있다. 조정 대신들은 근정전 바깥 계단 아래 화강암 바닥에 관계(官階)가 새겨진 12 석대 옆 자리에 서서 희미하게 새어드는 빛만으로는 어두컴컴한 근정전 내부가 보일 리도 없겠지만 감히 용상을 바라보지도 못 한다.

빙 두른 석대가 있는 거대한 노천의 뜰은 화강암으로 된 넓은 난간으로 근정전에 연결되고, 이 난간 끝에는 아름답게 장식된 층계가 있어 뜰과 궁을 이어준다.

화강암이 깔린 뜰 바닥 사이로 이제는 잡초가 돋아나고 있었다. 황폐해지고, 두려워서 아무도 오지 않는 이 곳에 궁만이 덩실하니 홀로 남아 있다. 마술에 걸려 잠이 든 공주도 없이, 사람도 없는 이 궁궐을 몇 늙은 병졸만이 지키고 있었다.

"임금님 행차시오"

이 나라 왕가의 세력을 나타내는 호사스런 모습을 볼 절호의 기회가 있었는데 그것은 바로 조부모의 능으로 행차하는 어가 행렬이었다. 서울 시내가 구경꾼으로 꽉 차서 임금님의 행차가 지나가는 길에는 집 창문에도, 대문간에도, 뜰에도 새로 지은 궁궐에서부터 종묘까지 흰 옷 입은 사람들로 메워져 있었다. 촘촘히 엮어서 짠 대나무발 뒤에

도, 궁궐의 큰 대문 사이에도 빼꼼히 내다보며 행차 구경
을 하려는 여인들이 빠질 리 없었다.

그리프가 쓴 코레아에는 왕의 행차가 지나가는 길에 있
는 집 주인은 왕의 행차가 지나는 동안 빗자루를 든 채 무
릎을 꿇고 있어야 한다고 소개되어 있다. 그러나 무릎을
꿇고 있는 사람은 보이지 않았다. 다만 그 동안에 관습이
바뀌었는지 상징적으로나마 빗자루가 세워져 있는 집들
은 더러 볼 수가 있었다.

도로는 깨끗하게 치워져 있었고 길 중간에는 불그스름
한 흙을 깔았다.

국왕은 얼마 전에 낙상으로 발을 다쳐서 말을 타지 않고
연을 타고 있었는데 이 연은 그저 천개를 덮었을 뿐 깔린
방석부터 별다른 것은 아니었다. 임금님의 행차 앞에는 긴

행렬이 앞장섰으며, 맨 앞에 녹이 슨 조총을 멘 병졸들, 잘 보살피지 않은 말을 타고 긴 창을 든 기마병들이 그 뒤를 따랐다. 백성들은 자유롭게 길 양쪽에 드러누워 있었다. 군관이 기름종이로 덮은 가마도 보였는데 한 가마 앞에는 바야초(서양 한 연극의 주인공 남자)처럼 옷을 입은 한 병졸이 넓다란 나무판을 들고 있었다. 나는 처음에 이 바야초같이 생긴 병졸이 해군일 것이라고 생각했는데 나중에 들으니 죄인 종아리를 때리는 관원이었다. 그 다음에는 딱다기로 왕의 행차를 알리면서 따라오는 무리가 이었고 다시 유럽식 군대 훈련을 받은 중국인 장교들이 그 뒤를 이었다.

나는 왕의 행차가 잘 보일 만한 곳을 이리저리 물색하다가 어느 사찰 경내에 있는 산등성이에 자리를 잡았다.

왕을 호위하는 군관들의 모자에 장식된 공작새털과 호랑이 흰 수염이 햇빛을 받아 더욱 찬란해 보였다. 호위병들은 말을 타고 있었고, 그 옆으로 구부정하게 허리를 굽히고 따라가는 병졸들은 한 손에 소속 군기를 들고 조랑말을 탔다. 이상하게 생긴 모자를 쓰고 흰 학이 수놓인 커다란 정방형의 문장과 넓은 허리띠(흉배)를 두른 값 비싼 비단 예복을 입은 고관들은 당나귀를 타고 있었다.

군관과 병졸들은 유럽 중세기에나 볼 수 있는 무기와 형형색색의 깃발을 들었는데, 크고 작은 삼각, 사각형에, 붉은 색, 검정색, 노랑색, 파랑색 등이 뒤섞인 깃발이 장관을 이루었다.

황제 알현

왕이 탄 연 뒤로 호랑이가죽이 깔린 연을 타고 오는 11

세 된 세자가 아주 인상적이었다. 영리하게 생긴 모습으로 길가에 늘어선 백성들에게 의젓하게 답례를 하는 세자는 칼잡이가 화려하게 장식된 군도를 양쪽에 차고 있었는데 칼은 세자의 무릎까지 와 닿았다. 세자 뒤에는 깃털이 달린 활을 실은 수레가 따랐는데 이 활은 비상시에 이 끝에서 저 끝으로 왕명을 전달하는 사령역을 한다. 행차 행렬은 전체가 5, 6천 명이었다.

한ㆍ독 우호통상조약이 성공적으로 체결된 지 며칠 후 이를 축하하는 연회가 궁궐에서 열렸을 때 나도 여기에 참여할 영광을 얻었다. 우리는 새로 복원한 궁의 뜰을 지나 신장(神將)이 그려진 종이를 바른 셀 수도 없이 많은 대문 옆을 지나서 독일 총영사와 우리 일행을 위해 지정된 연회장에 도착해서 극진한 예우로 다과를 대접받은 다음 왕을 배알했다.

왕이 있는 바로 뒤켠에는 몸집이 큰 내시 두 명이 서 있고 그 뒤에는 앞에서 소개했던 십장생 병풍이 세워져 있었다. 유럽풍의 실내장식에, 브뤼셀산(産)의 양탄자, 천장에는 등 두 개가 매달려 있었고, 왕의 좌우에 놓인 책상에는 코끼리가 화병을 들고 있는 자수 그림의 황금색 보가 깔려 있었다. 몇몇 대신과 예조참판, 그리고 묄렌도르프 씨가 함께 왕을 모시고 있었다. 왕은 나직한 음성으로 대신에게 얘기하고, 대신은 묄렌도르프 씨에게 중국어로, 그리고 묄렌도르프 씨는 다시 우리에게 독일어로 통역을 했다. 친절하고도 인자한 왕의 모습이 우리 모두를 사로잡았다. 한 마디 덧붙인다면 우리가 왕을 배알하는 동안 내내 뒤켠 창살문 사이에도 예쁘게 생긴 두 여인의 얼굴이 어른거렸지만 종내 모습을 나타내지는 않았다.

서울의 거리 모습

이제는 특이하게 눈에 띄었던 성안 생활을 소개하겠다. 어느 날 성안 산책을 하다가 대장간을 두 곳 찾아 들어갔는데 한 대장간 안에는 이미 말굽을 박기 위해 발이 묶인 말 한 마리가 눕혀 있었다. 다른 대장간에는 말 한 마리를 땅바닥에서 좀 높이 치켜올려 말뚝에 매인 줄로 묶어놓았다. 조선의 말이라는 것은 크기가 당나귀만 했다.

이 나라에서는 운송 수단으로 짧은 뿔 하나를 가진 황소를 주로 사용하며, 황소 한 마리의 가격은 우리 돈으로 계산해서 40~60 마르크, 가죽 값은 8마르크쯤 한다. 서울 거리에는 자동차라는 것은 볼 수 없었다. 우리가 서울에 5주 동안 있으면서 본 것은 겨우 땔나무를 운반하기 위해 황소가 끄는 바퀴가 두 개 달린 우마차였다.

조선 땅은 산이 대부분이어서 도보가 많지 않다. 찰스(Charles) 씨가 쓴 한국 에 의하면 서울에는 40마일 안팎으로 우마차가 다닐 수 있는 길은 둘밖에 없으므로 여행자는 도끼와 삽을 들고 길을 만들면서 다녀야 한다고 했다.

성안 북쪽으로 올라갈수록 울창한 산과 좁고 가파른 계곡이 많아진다. 머지 않아 서양 사람들이 이 나라에 많이 들어오게 되면 이 곳에도 자동차가 들어오겠지만 우선은 일본에서 들어온 인력거 공세가 앞서리라 본다.

우리가 서울을 떠나 귀국길에 올랐을 때 조정에서 내준 인력거 세 대를 제물포까지 가는 도중에 험한 도로 사정 때문에 다 망가뜨렸다. 이 나라의 고관들이 행차할 때는 호

랑이 가죽을 깐 '연'을 타는데 양 옆으로는 끈이 턱에 팔랑거리는 모자를 쓴 병졸들이 칼이 꽂힌 조총을 들고 호위한다.

흰색과 노란색 옷에, 옅은 노란색의 모자를 어깨까지 덮게 쓰고 나무막대기 두 개 사이에 천으로 매단 부채로 얼굴을 가린 사람들의 모습이 이색적으로 눈에 뜨이는데, 바로 상제를 뜻한다. 1882년 마스톤 씨가 원산항에 도착했을 때 마중을 나온 관리들과 전 시민이 모두 상복을 입고 있었는데, 그때가 왕비가 암살당했다는 낭설이 떠돌때였다. 전 백성이 국모의 상을 이미 3개월이나 치르고 난 후에 왕비는 건강한 모습으로 다시 나타났는데, 그 동안 숨어 있었던 것은 시아버지인 대원군의 세력을 피하기 위해서였다. 왕비 대신 충실한 한 궁녀가 목숨을 바쳐서 왕비

는 깊은 산속으로 피할 수 있었다.

국모가 죽으면 1년상, 부모나 친족인 경우에는 3년상을 치른다. 한 프랑스 선교사가 우리에게 소개한 한 사람의 일생에 관한 이야기를 들어보면 전통적으로 상제가 얼마나 엄격한지 알 수 있다.

"선친들이 제 혼약을 맺었습니다. 그 무렵 제 장인이 될 어른께서 돌아가셨습니다. 3년상을 마치자마자 제 부친께서 세상을 뜨셨습니다. 부친의 3년상을 마친 바로 뒤에 장모 될 분이 또 세상을 뜨시고, 그 후 제 어머님마저 돌아가셨습니다. 3년상을 4번, 12년을 상제로 지낸 후 제 약혼녀가 중병에 걸렸습니다. 처형 될 분께서 우리는 이미 부부와 다름이 없으니 병든 약혼녀를 만나도 좋다고 했습니다. 제 약혼녀는 저를 보자마자 운명했습니다. 그 후 저는 결혼을 포기했습니다."

▲ 여인들의 나들이 정장 장옷 차림

이처럼 얼굴을 가리고 다녀야 하는 상제 관습이 천주교 선교자들에게는 얼굴 모습을 감추고 숨어다니면서 전교 할 수 있는 절호의 기회를 제공해주기도 했다.

물건 사려면 엽전을 진 짐꾼이 따라야

서울 시내에는 가게라는 것이 보이지 않았다. 가게나 상 가라고 말하기에는 너무 작은 구멍가게가 있기는 했지만 여기서도 파는 물건이 형편없고, 그나마도 길 편으로 문이 나있는 게 아니라 집안에서 사고팔고 했다. 이것은 아마도 욕심 많은 관리들의 눈을 피하기 위한 수단인 듯하다.

상품으로는 한지, 면으로 짠 천과 의복 등이 있었다. 별 로 많지 않은 수염을 기른 상인들은 흰 옷을 입은 채 좌정 을 하고 있었다.

내가 본 옷감은 단색에 무늬가 전혀 없는 천들이었는데 들리는 소문에 의하면 양반 부녀들은 러시아에서 생산된 색깔이 있는 옷을 입는다고 하는데 러시아의 민속이 전해 진 듯하다. 어느 가게에서도 질이 좋은 특산품은 찾을 수 없고, 그저 거칠고 중국 물건을 본딴 것뿐이다. 특산품으 로 들 만한 것은 밀짚모자, 말총으로 정교하게 만든 갓, 섬 세하게 짜여진 죽물(竹物)을 들겠다. 여기에는 생산공장 이 필요한 것 같지도 않고, 매매(賣買) '지불'방법으로 사용하는 동전과 화폐의 질도 상당히 나쁘다. 이 동전은 크기나 두께도 제각각으로 울퉁불퉁하며 노끈으로 묶을 수 있게 한 가운데에 사각구멍이 뚫려 있다. 가운데 구멍 이 없고 한 면에 칠보를 입힌 은전이 있긴 하지만 찍어내 는 양이 제한되어 있을 뿐만 아니라 이 은전은 일본과의 교역(交易)시 대부분 일본으로 흘러들어가기 때문에 국

내에서는 흔하지 않다. 오사카에서 나는 이 은전이 광주리
째 용광로로 들어가는 것을 목격했다.

간편한 지전을 사용할 줄 모르는 조선에서 물건을 사려
면 동전꾸러미를 운반할 짐꾼이 필요하다. 우리가 서울에
도착한 3주일 전의 환불 시세는 조선 돈 4백80 '문(mon)
'이 은전 1달러에 해당했는데 우리가 귀국할 즈음에는 7
백~7백30문이었다. 돈을 바꿔야 할 때 업자에게 연락
을 하면 업자가 와서 한참 서로 실랑이를 한 뒤에야 교환
가격이 정해지고, 그 후 짐꾼 서너 명이 꼭 우리 소시지같
이 보이는 동전꾸러미를 메고 오는데 이 '동전꾸러미'가
1백~1백50달러에 해당하는 액수이다. 지금 사용하고
있는 동전은 옛날 이 나라에 있었던 동 전에 비해 훨씬 질
이 나쁘다.

백성들이 부유해질까 걱정하는 조정

이 나라의 상거래는 별로 볼 것이 없다. 조정은 백성들이 행여나 부유해질까봐 겁을 내고 백성들이 부유해질 수 있는 모든 여건을 법으로 규제했다. 관리들은 아무 데나 가택 수색을 해서 사유재산은 다 압수했다. 금, 은 등 지하자원이 풍부하다는데도 채광을 금하는 첫 이유는 중국이나 일본이 행여나 알게 될까 두렵기 때문이다. 해상 교역은 지금까지 조선 상인에게는 금지되었다. 육지에서 요동 지방과 상거래를 위해 이용되는 운송수단은 오로지 우마차였다. 압록강 유역에는 일년에 두 번 교역장이 서는데 주로 상술이 뛰어난 평안도 상인들이 중국 상인들과 거래를 한다. 입국이 금지된 중국 상인은 목숨을 걸고 장사를 한다. 이처럼 모든 것이 왕실과 관권에 의해 절대적으로 규제되는 나라는 세계 어디에서도 찾아볼 수 없다. 그렇지만 1882년 대원군에 대해 원성을 품고 일어난 국민 봉기는 정치 개혁을 불가피하게 했다(민씨 세력에 반대한 임오군란의 오류임).

외국 유학을 통해서 서구문화를 알게 된 개혁파가 국내에 결성되고 권력 앞에서 떨기만 하던 백성들이 점차 자기 권리를 찾으려는 노력을 시도하기 시작했는데 몇가지 안을 들면, 지하자원을 채광해서 산업경제를 부흥시키고, 지나치게 높은 수입을 막아 이 나라의 금·은이 모두 외국으로 흘러나가지 않도록 한다, 물가가 올라갈 수밖에 없는 과대수입을 막기 위해서는 수출을 늘려야 한다는 것 등이다.

상업 수완이 좋고 자기 이익을 위해서는 어떠한 수단방

법도 가리지 않는 미국과 프랑스를 별 경계없이 받아들이는 조선인들. 게다가 내국인들끼리는 서로 헐뜯고 이간질하고 조정은 어찌할 바를 모른다. 청나라의 은근한 압력, 겉으로만 조선과 우호 통상을 주장하는 일본의 끈질긴 노력, 군함을 이끌고 나타나서 일본과 중국 황하를 장악한 서구세력과, 천주교와 기독교 선교사들까지 이 나라 민족성과 문화를 어지럽힌다. 이러한 외세와 국내의 혼란을 이겨내면서 조선도 일본처럼 본체가 흔들리지 않고 새로운 세기에 등장하기를 진심으로 바란다.

11월 16일 마침내 조선과 독일, 영국간에 우호통상조약이 체결되었다. 27일에는 앞서 언급했던 축하연에 참석했고 28일에는 여러 곳에 들러 작별인사를 했다. 다음 날 오후 우리는 함선 라히프치히 군함을 타고 제물포항을 떠났다.

도쿄에서 발행되는 〈Mitteilungen der deutschen Gesellschaft fur Natur und Volkerkunde〉에 실린 P. Mayet의 글 독일 통상사절단 체류기 'Ein Besuch in Korea im Oktober 1883'을 번역한 것이다.

다음면은 독일 통상 사절단이 서울 체류 중에 기록한 날씨 (1883년 10월 27일 ~11월 28일)

일자	바람	체온			날씨	천기	특이사항
	조/석	조 6시	12시	석 6시			
10월							
27	–	–	–	–	변동, 비	구름낌	노울과 안개
28	–	–	–	–	해	청명	–
29	–	–	–	–	좋음	청명	노을과 안개
30	–	–	–	–	비	구름	바람이 셈
31	북북서/북서	9	12	10.5	변동, 비	구름	바람, 우박바람, 우박
11월							
1	서북서/서서	10	11	10	좋음	청명	31일부터 황홀한 노을 ㅎ
2	서/서	7	15	17	좋음	청명	–
3	북동동/잠잠	5	13	9	좋음	청명	–
4	남동동/잠잠	5	13	11.5	좋음	청명	–
5	남동동/잠잠	6	12	9	좋음	청명	–
6	남서/잠잠	5	13.5	9	좋음	아침/구름	–
7	잠잠/바람	6	14	9	좋음	약간 바람	–
8	북동/잠잠	6	13.5	9.5	좋음	청명	황혼 후 바람
9	동/동	6	13	13	좋음	구름	비, 차츰 개임
10	동북동/동북동	11	11.5	11.5	비	많이 흐림	바람셈, 저녁 개임
11	북서/북서	11	8.5	3	10시까지 비	구름	–
12	북북서/북북서	–2	0.5	0	좋음	청명	황혼이 적음
13	동/동북동	0	3.5	3	진눈깨비	흐림	첫눈
14	서북서/서북서	4	6	4	변동	흐림	–
15	북서북/북서	0	1.5	2.5	좋음	구름	밤에 서리 ,오후 비
16	동/잠잠	–2	1.5	2.5	좋음	구름	–
17	동북/잠잠	2	6	5.5	좋음	구름	–
18	동남동/북서	0.5	7.5	5.5	좋음	구름	–
19	남남동/남동	1.5	7.5	7	좋음	구름	–
20	동남동/남동	0.5	4.5	6	좋음	청명	–
21	동남동/남동	1.5	7	4	좋음	구름	–
22	북동/잠잠	–2	4	2	좋음	구름	–
23	북서/북서	–0.5	7.5	5.5	좋음	구름	–
24	남동/서	–5.5	1.5	0	좋음	구름	–
25	북동/서	–3	0.5	–1.5	좋음	구름	–
26	남서/북서	–4	0.5	–1.5	좋음	청명	–
27	서북서/서북서	–5	–0.5	–2.5	좋음	구름	–
28	북서/북서	–4.5	3	–2.5	좋음	구름	–
29	잠잠/잠잠	–3	–	–	–	–	–

오두막바다가 조선의 서울인가
−1894년, 헤쎄 바르텍 −

1894년 여름에 헤쎄 바르텍씨가 일본 증기 기관선인 '겐카이 마루'를 타고 나가사키를 출발하여 부산항에 도착했을 때 조선 국내는 동학란이 한창 들끓고 있었다. 헤쎄 바르텍은 그의 저서《한국》서문에서 여행 당시의 조선과 일본, 중국이 관련된 동양 정세에 대해서 언급하고 있다. 동양의 정세에 조금이라도 관심을 가진 사람이면 누구나 중국과 일본 사이에 전쟁이 일어날 것을 예측하고 있을 뿐 아니라 몇 년 전부터 일본이 중국 세력을 조선에서 몰아내기 위해서 불가피한 전쟁을 준비해온 것까지도 알 수 있었다.

그럴 즈음 조선에서는 동학란이 일어났고 조정이 중국 청나라에 도움을 구하자 일본도 이 기회를 놓칠세라 기회를 노리니 중국과 일본이 조선 땅에서 세력 다툼을 하고 있는 꼴이다.

이러한 정세를 직접 보고 돌아와서 헤쎄 바르텍은 '조신, 여름에 찾아간 조용한 아침이 나라' 라는 제목으로 조선 견문기를 써서 한국의 역사와 현재[57]의 정세를 유럽에 알렸다.

---

57) 저자가 참조한 책: 1.《Corea》 E.Griffis, New York, 1882. 2. 《Histoire de l'Eglise de Coree》, Ch.Dallet,Paris, 1874.

▲ 남대문 거리의 일
본군 행렬

길목마다 일본기마병 아랑곳 없는 백성들

눈부시게 밝은 햇살이 비치는 자갈길을 걸어서 용산에
서 동쪽으로 몇 동네를 지나는 동안 곳곳에는 일본병정들
이 주둔하고 있었다. 푸른 언덕 위나 전나무 가지 사이로
보이는 텅 빈 길, 어디를 쳐다보아도 대검을 꽂은 장총으
로 무장한 일본 군인들밖에 보이지 않았다.

큰 길은 기마병들이 지키고 있었다. 가끔 여기저기 시원
스럽게 높은 지붕 아래에 군용 말들이 쉬고 있었으며, 또
한쪽에서는 모기나 벌레를 쫓기 위해 젖은 지푸라기 더미
를 태우느라고 검은 연기가 나기도 했다.

전나무 그늘 아래에는 일본 군막사로 쓰이는 하얀 천막
이 쳐 있고, 그 옆에는 빨간 동그라미가 그려진 일장기가
높이 매달려 있었다. 나팔소리와 무기들이 부딪치는 소리
들로 어지러웠다. 그런 속에서도 조선인 농부들은 옛날에

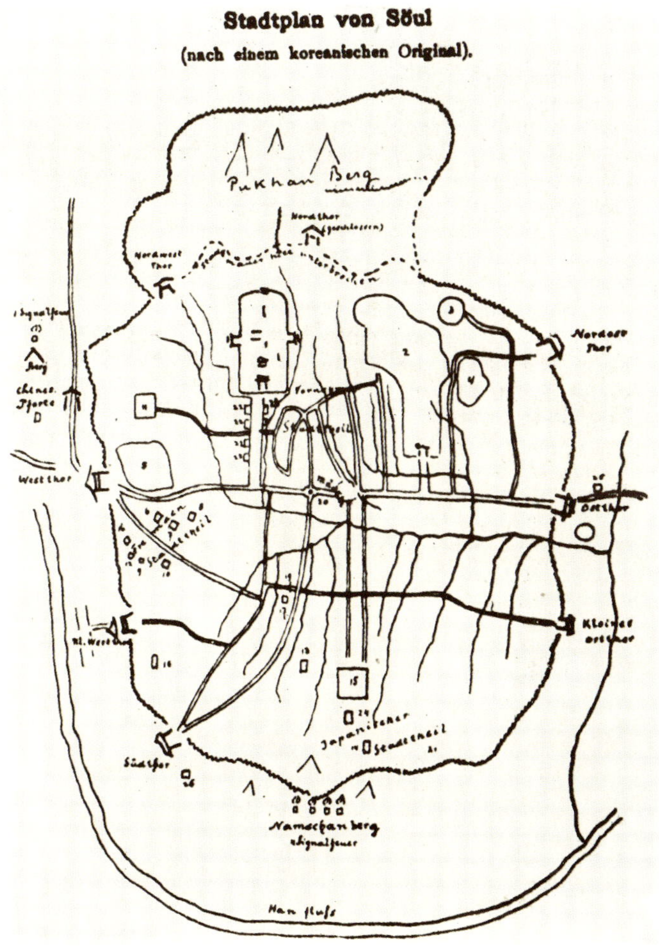

▶ 당시에 그
린 서울 장안
의 지도

서울 지도

1, 2 : 왕궁	11. 왕실에 소속된 절	19. 현 독립문
3, 4 : 세자궁	12. 외교관 클럽	20. 종루
5. 폐궁	13. 그리스 공사관	21. 병사(兵舍)
6. 러시아 공사관	14. 일본 공사관	22. 육조
7. 미국 공사관	15. 종묘	23. 사헌부?
8. 영국 총영사관	16. 미국 선교사관	24. 명동대성당
9. 프랑스 사절관	17. 남궁	25. 남사(南寺)
10. 독일 영사관	18. 전환국	

수도 서울과 왕실을 점령했던 일본 병사들의 존재에는 아랑곳없이 논이나 오이밭을 매기에 여념이 없었다.

일본 병정들이 아무리 잔인하다고 할지라도, 단 한 푼의 엽전은 물론 마지막 남은 쌀과 곡식마저 송두리째 빼앗아가서 처자를 굶주리게 하는 조정보다야 더 못된 짓을 하랴.

잿빛 오두막 바다가 조선의 수도 서울인가

옹기종기 모여 있는 잿빛 오두막 바다가 조선의 수도 서울이다.

수도! 수도 서울이 실제로는 여기서 약 15분 정도의 거리에 있으면서도 전혀 보이지가 않았다. 내 앞에는 그저 2천척 높이의 가파르고 황폐한 언덕, 그 뒤에 뾰족한 산봉우리와 눈이 부실 정도로 하얗게 바랜 깎아지른 듯한 바위투성이의 산등성이가 우뚝 나타나면서 어느 곳에서도 보기 힘든 아름다운 풍경이 펼쳐졌다. 엉성하게 우거진 나즈막한 전나무들, 갖가지 엉경퀴와 억세게 자란 잡초들이 생존 경쟁이나 하는 양 무성하게 뒤덮인 계곡이었다.

그리고 이 산 언덕은 빨간 단풍이 든 나무들로 덮여 있었다. 남쪽에 있는 산에는 검푸른 소나무숲이 무성해서 수도 서울의 모습은 어디에서도 볼 수가 없었다.

갈수록 궁상스런 초가지붕이 많아지고 빗물은 고랑을 이루면서 모래와 돌더미들을 골짜기로 쓸어내리고 있었다.

드문드문 타오르듯이 붉게 물들어 있는 단풍나무로 덮인 산등성이를 넘어서니 청록색 전나무숲이 장관이었다. 그래도 서울의 모습은 찾아 볼수가 없었다. 다만 자갈길을

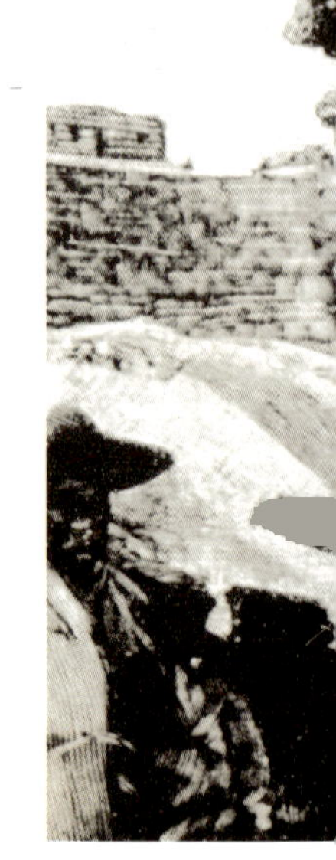

▲ 동경하던 서울이 "잿빛 오두막 바다인가"

따라 모여 있는 초라하고, 금세라도 쓰러질 듯한 초가지붕
의 오두막들과, 건초더미나 갈대, 땔감이나 건어물을 등
에 짊어진 사람들이 그 무게에 짓눌려서 꾸부정하게 걷는
모습들, 노새와 당나귀를 몰고 가는 사람들만 자주 보였을
뿐이다.

서울은 도대체 어디에 있는가? 시나이 반도의 호렙호수
처럼 하늘에 닿을 듯이 높은 황량한 사막 절벽 사이에 있
는 것은 아니겠지?

기괴한 자연의 모습에 감탄하면서 걸어가는 우리 앞에

산등성이 위에서부터 계곡을 내려오면서 중국 성곽을 본
따서 만든 듯한 1천여 척 높이의 도성벽이 사이에 나타
났다.

　남루한 옷차림의 짐꾼이 터덜거리면서 걷고 있는 도로,
이 지저분하고 걷기 힘든 길이 조선의 수도 서울과 이 나
라에서 가장 중요한 항구를 잇는 유일한 도로이다.

서울에 도착한 후 나는 우아하게 곡선을 이루고 있는 높은 중국식 이중지붕이 덮인 거대한 석문을 넘어서 친분이 있는 외교관 집에 숙소를 정했다.

호텔도 찻집도 없는 왕국

지구상의 어느 왕국도 유럽인 여행자에게 알맞은 호텔,

▲ 광희문, 지방사람들의 서울 입성 모습

▼ 숭례문 앞 풍물(1900년경)

찻집, 그 밖의 유흥시설을 찾을 수 없는 곳은 서울뿐인 듯하다. 그뿐인가, 외교사절이나 선교사 자격이 없는 외국인은 아직까지도 이 나라에서 체류 허가를 받지 못한다. 약 1백 년 전만 해도 조선은 이러한 자격의 사람들에게까지도 완고히 입국을 거부했기 때문에 우리 서양인에게는 그저 먼 전설의 나라처럼 알려져 있었다. 그래서 이 나라를 찾은 여행객 역시 지금까지 겨우 몇 명에 불과하다.

서울에 도착해서 몇 시간 후에 나는 시내 경관을 보기 위해서 가파르고 울창한 나무들로 빽빽이 둘러싸인 남산 위 성곽을 따라 올라갔다. 시내는 마치 화산의 분화구처럼, 푹 파인 계곡 안에 숨어있듯 한 집들이 옹기종기 모여있는 모습이 바다 같았다. 이러한 도시 모습은 독일의 슈투트가르트와 비슷한 형태이다. 그렇지만 내가 알고 있는 독일의 도시는 산 언덕이 포도밭, 들판, 집들로 꽉 차 있는 낮은 구릉지에 높고 웅장한 성과 교회 탑이 높이 돋보이고 그 사이로 간간이 푸른 나무로 잘 가꾸어진 공원과 잔디밭이 펼쳐져 있는 데 비해서 서울은 그저 단순하고 황막한 사막일 뿐이다.

잿빛 속에 잿빛, 지면과 거의 분간이 되지 않을 정도로 납작한 초가집 수천만 채가 마치 공동묘지처럼 옹기종기 모여 빽빽이 들어서 있었다. 도로도, 눈에 띌 만하게 큼직한 건물도 안 보였고, 궁(宮)이나 신전(神殿)도, 나무도 공원도 없이 편편하게 넓기 만한 도시 형태와 기가 막히세 야성적인 형상의 산들만이 굉장하다고나 할까? 형용키 어려운 서글픔이 담긴, 그러면서도 기이한 인상을 떨쳐버릴 수 없는 모습이었다. 무의식중에 나는 또 이 곳과 비슷한 독일 추거 호수 근처에 있는 골다우 계곡이 갑자기 생각이

났다. 한때 번성한 그 곳 소도시와 마을에서 주민들이 비옥한 논밭과 과수원을 일구면서 풍족하게 살고 있었다. 그런데 이 지역에 커다란 산사태가 나서 회색 돌덩어리들 수만 톤이 로스산 꼭대기에서 굴러내려와서 이 지역을 파묻어버림으로써 그 번성하던 곳이 지금은 끔찍스런 폐허지로 변해버렸다.

탐관오리로 망친 나라

서울은 내게 이러한 인상을 주고 있었다. 다만 서울은 천재 때문이 아니라 탐욕스럽고 재물에만 눈이 어두운, 양심이라고는 전혀 없는 조정 때문에 그렇게 되었다.

언젠가 조선 사람이 그린 정치만화를 본 적이 있는데, 조정을 괴물 형상의 사람으로 비유하고 있었다. 머리는 아주 작고 대머리에, 얼굴은 이그러진 채 길고 거미줄만큼이나 가느다란 손과 발, 그 반대로 몸뚱이는 끔찍할 정도로 부풀어 있었다.

"보시오, 이 그림이 바로 가엾은 우리나라 모습입니다. 여기서 보는 머리는 우리의 국왕이고 팔과 다리는 착취만 당하는 우리들 백성이요, 여기 살이 뒤룩뒤룩한 몸뚱이는 관리, 즉 이 나라의 양반들이랍니다."라고 적혀 있었다.

그 사람의 말이 확실히 옳은 듯하다. 이 나라 곳곳에서, 그리고 지금 여기 이 높은 곳에서도 나는 바로 그 모습을 보았다. 어떻게 이처럼 지저분하고 곧 쓰러질 것만 같은 오두막에서 사는 게 가능할까?

1백 미터 거리에 한 채나 될까, 몇 채 되지 않은 중국식으로 올린 기와지붕이 보이지만 그나마도 오두막집보다 더 높아 보이지도 않는다. 서울 시내 전역에는 이층집이

▲ 남한산성 수어장대(守禦將臺)의 옛 모습

▼ 인적이 없는 사대부 가옥

두 세채나 될까. 그래서인지 계단이 무엇인지도 알려지지 않은 것 같다. 부엌도, 온방장치도 없는 모양인지 수마일 어지럽게 펼쳐진 초가지붕 위로 단 하나의 굴뚝만이 보였다. 그런데도 초가지붕 사이로는 진하고 까만 연기가 나고 있었다. 이 연기가 도대체 어디서 나올까?

여기 보이는 짚으로 덮인 오두막이 인가(人家)란 말인가! 그렇지만 지붕들은 아무렇게나 쌓아둔 짚단 같고 이엉은 제멋대로 구부러진 나무둥치에 짚단을 둘러놓은 듯 했으며, 기둥 역시 굽은 채로 흙더미와 섞여 있었다. 이를 보면 아마도 직선으로 가옥을 짓는 것은 의식적으로 피한 모양이다. 여기 이 높은 곳에서는 집안의 구조가 잘 보였다. 대부분의 집은 다른 각도에서 지어진 두 채의 건물이 지붕 끝을 맞대어 이어져 있었지만 꾸불꾸불한 형태로 사랑채가 겸해진 데도 있었다. 건축구조가 비슷하기는 하지만, 또 다른 조그마한 집들은 울타리나 토담으로 둘러싸였고 역시 짚으로 지붕을 얹었다. 성냥 한 개비만 있으면 이 초가로 이루어진 바다를 활활 타오르게 하는 데 충분하겠다고 생각하는 이도 있을 것이다.

허물어진 성벽, 묘지처럼 고요한 도시

그뿐인가, 묘지처럼 고요한 저 아래 시내! 소음이라고는 전혀 없다. 마차 소음도, 개가 짖는 소리도, 말이 달리는 소리도, 사람의 음성까지도 들을 수 없는 이 곳은 사람이라고는 사는 것 같지 않다. 가끔 성 밖에서 울리는 일본 병정의 나팔소리가 들려올 뿐. 그들은 또 이 나라에서 무얼 바라고 있는지?

서울에서 가장 인정할 만한 건축물은 성곽이다. 중국의

베이징과 난징시, 그리고 다른 내륙 도시에서도 볼 수 있
듯이 이 곳 서울 역시 12마일 정도의 거대한 도성벽으로
둘러싸여 있는데 그 성벽 사이에는 성문이 팔방으로 나 있
다. 이 성문은 완전히 중국식으로 지어진 이중지붕의 대문
으로 서울 성안에서 가장 높은 건물이다. 해가 질 무렵에
는 닫혔다가 이른 새벽 다시 열린다. 발바닥만큼이나 큰
성문 열쇠는 밤에는 궁에서 보관하는데 새벽이 되기까지
는 어떤 일이 있어도 내놓지 않는다. 이 나라의 법은 왜 이
리도 '옹고집' 인가?

성벽이 군데군데 허물어져 있는데도 보수공사를 해야
겠다고 생각하는 사람이 없는 것 같았다. 조선에서는 어디
에도 보수공사라는 게 없다. 허물어진 성곽 위 초가집에서
군졸들이 몇 년 전부터 보초를 서고 있는데 이 병졸들이
모두 함께 며칠만 공사를 한다면 금세 다시 고쳐놓을 수
있을 텐데도 보초병들은 빈둥거리면서 잠만 자고 있다. 내
국인이나 외국인은 그 곁을 지나 거침없이 성 안팎 '행차
를 한다.

서울의 기이한 모습에 차차 익숙해지면서 나는 멀리서
도 망원경으로 거리 거리를 구별할 수 있게 되었다. 중심
도로가 되는 큰 길은 서울에서 가장 중요한 동대문과 서대
문을 연결하고 있는 거리로, 길 양쪽에는 버섯 모양의 초
가지붕들이 즐비하게 늘어서 있나. 수백 개 노점과 곡신형
의 지붕들이 촘촘히 들어서 있어 좁기만 한 이 길은 또한
북쪽으로 큰 두 갈래길과 이어져 있는데 이 두 갈래길은
성벽에서 약 반 마일쯤 떨어진 곳에 서 있는 웅장한 성문
으로 통하게 되어 있었다. 그중 한쪽 문으로 나가게 되면
좌우로 적을 막기 위한 요새(要塞)가 갖추어진 성벽이 나

▲ 동대문 쪽에서 본 종로거리. 달구지가 운송수단이었던 1890년대 후반

타난다. 가파른 산등성이의 성벽을 따라 올라가면 아주 정성스레 잘 가꾸어진 나무숲과 공원이 있다. 이 단조로운 잿빛 도시에 진정한 오아시스라고나 할까!

"두 적군은 성밖에 진치고, 궁은 임금님의 피신처"

이 푸른 숲 사이로 집이 여러 채 눈에 띄었는데 집 크기와 구조로 보아 멀리서도 평범한 집들이 아님을 금세 알 수 있었다.

"저 집들을 잘 보아두십시오. 저 건물들은 궁(宮)입니다. 이 궁모습은 여기서 보시는 게 고작입니다. 왜냐하면 궁궐에는 아무도 가까이 접근할 수 없기 때문입니다. 게다가 지금은 폭도들이 나라를 휩쓸고 있을 뿐만 아니라 두 적군, 즉 중국, 일본군들이 도성 밖에 진을 치고 있지 않습

니까. 저기 궁궐 서쪽으로 가파르게 나 있는 암벽 뒤 좁은 길
을 보십시오. 그 뒤로 황량한 미로 같기만 한 북한산 아래,
도저히 접근하기 힘든 저 곳에 우리 임금님이 무더운 여름
에 가끔 머무는 세 번째 궁궐이 있습니다. 현재 약 5백명의
용감한 병사들이 우리 임금님이 행여나 적국의 포로가 될까
해서 철통같이 지키고 있는 이 궁은 왕의 마지막 피난처이
기도 합니다."라고 내 안내인이 덧붙였다.

　바로 이처럼 보잘것 없는 건물이 궁궐이라니! 그뿐인가,
그 안에 거처하고 있는 이가 오직 중국의 천제만이 허락하
는 온갖 예절을 고수하고 있는, 5 백년 역사를 자랑하는
조선 이씨왕조의 왕이란 말인가?

　바로 그 곳, 산 사람은 접근할 수도 없이 굳게 닫혀진 궁
궐은 탈선 유희에서부터 백성을 괴롭히는 악랄한 사건들

까지 왕의 묵인 아래 용납되고, 한때 부강했던 이 나라를
이 지경으로 몰아넣은 환관과 궁녀들의 간계가 끊임없이
계속 되는, 이 모든 비행(非行)이 꼬리를 잇고 일어나고
있는 무대라고 하기에는 너무 초라했다.

궁궐이라기에 기대가 좀 컸었다. 태국이나, 버마, 캄보
디아에서 볼 수 있는 그런 웅장한 건물을 기대하고 있었는
데 내 앞에 나타난 초라한 이 건물들!

이 궁궐 중에서 예외가 있다면, 절 비슷한 모양으로 곡
선형의 중국식 이중지붕을 이고 있는 단 하나의 거창한 건
물이 바로 근정전이다.

이 근정전이 절이 아니라면 조선의 수도 서울에는 신을
모시는 절이 도대체 어디에 있나? 지금까지 내가 다녀본
세계방방 곡곡에는 미신을 숭상하는 곳에서까지도 최소

한 그들의 신을 모시는 신전을 하나 정도는 볼 수 있었고
그 신전 건물은 다른 건물보다는 눈에 띄게 크고 훨씬 화
려하게 꾸며졌을 뿐 아니라 제례를 지내는 사제들도 볼 수
있었다. 그러나 초가지붕으로 넓디넓게 퍼진 바다 같은 서
울 시내에는 그런 건물이 단 한 채도 보이지 않았다.

　서울에는 정말 신전이라는 게 없다. 왜냐하면 이 나라
사람들은 우리가 말하는 종교를 갖고 있지 않기 때문이다.
조선인이 숭상하는 대상은 고작 그네들의 선조일 뿐이다.
내 안내원이 손짓으로 우리 발 아래 남산 기슭 넓직한 곳
에 있는 종묘를 가리켰는데, 이곳은 조상 숭배를 대표하는
곳이다. 조상이 모셔진 곳으로 이 곳으로 왕은 제사를[58]
지내기 위하여 행차한다.

귀한 유적에 철책은 커녕 움집의 기둥으로

　옛날에는 서울에 크고 화려한 불교사찰들이 있었다고
한다.

　서울 성안을 산책하다가 폐허가 된 사지(寺地)를 보았
는데 아마도 이 나라에서 가장 아름다운 건축양식의 잔재
였던 것 같다. 더럽고 지저분한 오물이 신발에 묻어나는
거리를 누비고 다니다가 형편없이 비참하게 생긴 오두막
집들 사이에 북부 중국산인 흰 대리석으로 다듬어진 7층
석탑이 눈에 띄었다. 중국 본토에서도 정말 보기 드문 걸
작품이었다. 이 나라 역사에 나오는 장면이 세밀하게, 그
리고 부처의 일생까지도 섬세하게 조각되어 있었다. 약간
의 거리를 두고 역시 지저분하기는 마찬가지인 쓰러져가
는 토벽 오두막 뒤켠에 15척 높이나 되는 비석을 발견했

---

58) 저자: "쌀을 조상들께 바치러……"

▲ 동네 가운데 묵혀있는 고탑

다. 전면을 아름답게 조각한 석주(石柱)를 약 8척 되는
돌로 다듬은 거북이 조각이 받치고 있었다. 다른 나라 같
으면 이처럼 귀한 유적들을 깨끗이 닦고 그 주위를 빙 둘
러가면서 철책을 만들었을 텐데, 이 나라에서는 그저 까맣
게 잊혀진 채 어느 오두막집 기둥노릇이나 하고 있다.

　사찰들 역시 이 유적들과 같은 운명으로 임진왜란 때 모
두 파괴되었고 이 나라에서는 종교라는 것이 사라졌다. 당
시 일본군은 조선인의 격렬한 저항에 서울을 함락할 수가
없었다. 그래서 일부 일본군은 승려로 가장하고 몰래 성안
에 잠복해서 서울을 정복했다. 나라가 다시 평온해지자 왕
은 이런 일이 재차 일어나지 않도록 승려들이 성안에서 사

▶ 서울 일본거류인 지역의 조선인 농부

는 것을 금했다.

그렇다고 해도 지금 서울에 '신전'이 아주 없는 것은 아니다. 이 신전은 아주 크고 최근에 지어진 건물로 위치 역시 매우 아름다운 곳에 있다. 내가 서 있는 남산 위에서 동쪽으로 내려가면 서울 성안에서 제일 높은 곳에 작년에 새로 지은 대성당이 있다. 이것이 바로 내가 말하는 신전인데 이 대성당에는 십자가로 장식된 뽀쪽 탑이 두개 있다. 카톨릭 주교좌성당이 서울에 있는 것이다. 백년 전부터 카톨릭 선교자들은 이 나라에 뿌리를 내리고 복음을 전파하기 위해서 노력해왔다. 이 곳에는 백성들이 매달려 믿고 있는 신이 없다고 믿었기에 다른 곳에서보다 이 나라에서 선교하는 게 더 쉬우리라 생각했기 때문이다. 그러나 저항은 의외로 강했다. 10년 전만 해도 프랑스 선교사 두 명이 참수형에 처해졌다. 이 나라가 유럽 국가들과 통상조약을 체결한 지금 서울에만도 수천의 신자와 주교 1명, 대성당 하나가 있는데, 이 교회 건물은 크기나 아름다움이 베이징이나 관동에 있는 교회에 비해 전혀 뒤지지 않는다.

세계 어느 곳에서도 볼 수 없는 특이한 도시

서울은 확실히 내가 이제까지 본 도시들 중에서 가장 특이한 곳이다. 약 25만의 인구가 사는 곳에 흙으로 벽을 발라 만들어진 오두막이 5만 채쯤 되는 곳이 세계 어느 곳에 또 있을까?

그뿐인가, 시내 중심 거리라 해도 항상 물이 줄줄 흐르면서 온갖 오물이 그대로 직통 수구로 흘러들어가는 도랑 자체이고, 한 나라의 수도이면서도 현재의 산업문명을 대표하는 공장도, 굴뚝도, 유리창문도, 계단도 없다.

▲ 서울거리의 철물전

▼ 전차 선로가 놓여진 직후의 거리. 아직도 조랑말이 더 많이 다니던 1900년대 초

유흥시설인 연극 공연장, 카페나 찻집도, 사람이 쉴 수 있는 공원이나 푸른 잔디밭도, 이발소도 없는 이 나라 수도 서울. 가구도 침상도 없는 집안 내부, 그리고 변소(便所)라는 곳은 일반적으로 거리쪽에 붙어 있다. 온 시내가 남녀노소를 막론하고 흰 옷을 입은 사람으로 가득 차 있고, 거리에는 더러운 쓰레기와 오물만이 잔뜩 쌓여 있는 이런 도시가 세상 어디에 또 있을까? 신이 모셔진 신전도, 종교도 갖지 않은 민족, 가로등이라고는 찾아볼 수 없으며, 상하수도도, 소방소도, 교통수단인 우마차도, 닦여진 도로도 없는 도시! 이런 모든 것들을, 프랑크푸르트나 쾰른, 할레 등에서 상상이나 할 수 있단 말인가! 그런데도 우리는, 세계 방방곡곡에 서양 문명이 안 들어간 곳이 없다고 생각하고 있다니!

시 외곽 분지로부터 서울 시내로 이루어져 있는 구릉지로 물이 흘러내리고, 이 하천들은 특히 여름철 폭우가 오면 금세 더러운 흙탕물로 꽉 찬다. 이 하천은 시내 심장부에 놓여 있고 천변도로 양편에는 7, 8척 높이로 자그마한 가옥들이 늘어서 있다. 다른 나라에서는 도로를 닦은 후에 하수도를 만드는 것이 원칙이다. 그러나 이 곳은 하수도가 곧 시내 하천이고 그 하천을 따라 인가가 들어서면서 도로도 함께 생겼다. 이러한 거리만으로는 사람들이 지나다니기에 충분하지 않아서 다른 길이 있기는 하지만, 이 길이라는 것은 팔방으로 뻗어서 어찌나 꼬불꼬불한지 이리 가면 산 언덕이나 성벽으로 막히고 저리 가면 또 아무렇게나 지저분하게 내버려둔 개천으로 끝나는 등 찾아 나가기에 무척이나 힘든 수 많은 골목들이다.

문밖이 쓰레기장, 골목 어디에나 오물

성안에서 가장 더러운 이 골목에는 오물과 쓰레기들을 씻어내려갈 하천들이 없기 때문에 온갖 더러운 오물들이 항상 집 앞에 잔뜩 쌓여 있다. 가옥 뒤켠에도 도무지 공간이라는 게 없다. 대부분 가옥들은 3,4 열로 빽빽하게 들어서 있다. 간혹 집 뒤켠에 아주 자그마한 야채밭이 일구어져 있기도 한데, 정말 발바닥 크기만한 땅까지 다 이용한 셈이다. 공지(空地)라는 것은 거리를 빼고는 없고 온갖 오물과 쓰레기 등 잡동사니가 이런 길가에 수북하게 쌓인다.

7, 8세의 발가벗은 아이들은 길 어디에서고, 행인이 지나가거나 말거나 급한 용무를 마치는 것이 예사이다. 집안은 어둡고 습할 뿐 아니라 무덥고 벌레들이 많아서 대부분의 집안 일은 노상에서 하는 편이다. 밤이 되면 집 앞에 거적을 깔고 잠을 자기도 한다.

'거리'라는 명칭은 그저 형식적인 단어일 뿐이다. 우리 유럽인이 보기에 도로라고 할 수 있는 거리가 서울에는 꼭 둘이 있는데 한 길은 서대문에서 동대문으로, 다른 하나는 도심지를 가로지르는 길이다. 그리고는 동서쪽 방면 가로로부터 두 궁궐로 향하는 지점에 넓은 광장이 두 군데 있을 뿐이다. 그외에는 울퉁불퉁하고 오물이 지저분하게 잔뜩 쌓여 있어서 한없이 더럽기만 한 비좁은 골목뿐인데 골목의 쓰레기를 치우는 사람이 없어 마냥 돌더미와 함께 수북이 쌓여 있고 흙탕물까지 괴어 있어서 피해가기도 힘들다. 이처럼 비좁은 골목의 풍경은 탕거,[59] 페스[60]나 중국도 마찬가지다.

---

59) 아프리카의 도시 이름.
60) 포르투갈의 한 도시 이름.

▲ 초가삼간에도 많은 식구가 사는 농가

▼ 시골 초가(판화)

▲ 조랑말을 타고 조선을 여행하는 이방인들

▼ 1889년 경의 종로거리 풍경

비록 이런 환경이지만 서울이 불결하다고는 볼 수 없다. 전염병들이 나돌 때도 있으나 겨울에는 혹독한 추위와 눈이 많이 오기 때문에 전염균이 기승을 부릴 수 없고 여름에는 세찬 빗물이 더러운 오물을 깨끗이 쓸어내리기 때문이다.

그러고도 남는 오물 찌꺼기가 있다면 이는 개들의 몫이 된다. 개들만큼 충직하고 주의 깊은 청소부가 또 어디 있으랴! 음식 찌꺼기나 오물이 버려져 있는 곳에는 개가 먼저 앞장을 선다. 이렇게 충직한 일을 하는 개들을 사람들은 고맙다는 표시의 대가로 잡아먹어 치운다. '보신탕'[61]은 조선 사람의 미식(美食)이다. 개목을 밧줄로 걸고 난 뒤 그 밧줄을 재빨리 돌려 낚아채면서 개를 죽인다. 개고기는 백정들에게 팔아넘기는데, 조정이 하루에 한 마리 이상은 소를 잡지 못하게 하기 때문에 백성들은 육류가 부족한 나머지 개고기라도 먹어야 했다. 비쌀 수밖에 없는 쇠고기를 사먹을 수 있는 사람이 적은 것은 당연하다.

개고기에 쌀, 끈적끈적한 빵,[62] 해초와 날생선이 주로 조선인의 주식이다. 생선류는 서울로 운송하기 위해서 소금에 절이는데 이 냄새는 가히 짐작하고도 남으리라. 신선한 생선은 날것으로 먹기도 한다. 내가 제물포로 말을 타고 가는 길에 한 낚시꾼이 방금 잡은 생선을 그 자리에서 두 쪽으로 갈라 입에 넣는 것을 직접 보았다.

" 먹는 데는 조선사람을 당할 민족이 없다 "

어느 선교사의 말을 빌리면 먹는 데는 조선 사람을 당할

---

61) 저자: 프랑스어로 표현 −"Tete de chien a la vinaigrette", 영어 표현
  − "dogs tail soup"
62) 저자: 아마도 떡을 표현한 듯함.

민족이 없을 거라고 한다. 일본 사람들은 조선 사람들이 그네들보다 세 배를 더 먹는다고 하는데 나도 내국인과 일본인, 중국인들이 거의 비슷한 수로 사이좋게 함께 모여 살고 있는 항구도시 제물포에서 이러한 경험을 몇 번 할 수가 있었다. 중국인이나 일본인은 식사 때가 되어서야 먹는 데 비해 한국인들은 아무 때나 먹는 편이었다. 엄청나게 많은 밥을 빨간 고추와 — 조선사람이 가장 즐겨 먹는 음식 — 함께 눈깜짝 하기도 전에 삼켜버린다. 반찬으로는 절인 생선[63]과 날고기에 국내 어디서고 수없이 많이 재배되는 호박[64]과 오이가 전혀 양념이 되지 않은 채 곁들여진다.

잔칫상에 오르는 특별한 요리로는 머리, 털, 꼬리까지 몽땅 통째로 구운 '닭구이'가 있고 조선 사람들이 대체로 마시는 음료수로는 물과 술인데 술로는 쌀로 빚은 정종에 또 정종술 찌꺼기로 만든 우유같이 텁텁한 막걸리, 소주가 있다. 조선인은 마시는 데도 한정이 없다.

무위소일의 조선 남자 – 노새같은 조선 여자

내게는 아직까지도 풀리지 않은 수수께끼가 하나 있다. 아침, 낮, 저녁 언제든지 골목길을 다니면서 아무리 보아도 남자들이 일하는 것을 본 적이 없는데 이 나라는 도대체 생활을 어떻게 꾸려 나가는지 모르겠다. 작고 못생기고 바짝 마른 여자들이 집안일과 음식을 하고 빨래를 하는 동안 남자들은 작은 곰방대를 입에 물고 끼리끼리 모여서 오두막 집안에서나 좁은 골목에서 장기를[65] 두든지 잠을 자

---

63) 저자: 날생선.
64) 저자: Melone.
65) 저자: 놀이.

는 게 고작일 뿐 모든 일이 여자의 손에 달려 있다. 자기 아
내를 존중하는 태도가 낮을수록 그 나라의 문화 수준이 낮
다는 것이 여기에서도 여실히 드러난다.

조선 여인들은 노새보다 나을 게 없다. 말하자면 남자들
은 노예를 얻기 위해 결혼을 하는 것이다. 여자들은 이름
도 없이 무시당하고 법이란 자체는 여자들을 위해서 있는
것은 아니다.

그래서인지 이 여인들을 위로할 수 있는 유일한 친구는

▲ 디딜방아 찧는 모습. 이방인들은 "조선의 여성들은 노새나 다를 바 없이 일한다"고 했다.

▼ 아기를 업은 여인이 연자방아를 찧고 있다.

▲ 개울가에서 빨래하는 여인들

아마도 담뱃대인 것 같다. 이 곳에서는 다른 나라에 비해서 남녀를 불구하고 담배를 많이 피운다. 우리의 산책용 지팡이만큼 긴 담뱃대를 안 가진 남자를 보기는 무척 힘들고 먹거나 잘 때를 제외하고는 이 남자들의 입에서 담뱃대가 떨어지는 것도 보기가 힘들다.

'일'이란 조선인에게 중요하지 않다. 무엇 때문에 일을 해야 하는가?

조선 사람은 욕심이 없다. 집은 손수 짓고 실내 가구라는 것은 거의 필요가 없으니 일상생활을 해결하기 위해서 여자는 채소밭을 가꾸고, 남자는 - 경우에 따라서는 여인이 - 담배나 고기를 사기 위해서 며칠간 소작일을 해주면 족하다. 만약 누가 조금만 더 많이 벌었다면 그 수입은 영낙없이 관리에게 빼앗긴다. 이 나라를 이처럼 가난하고 비참한 현 상태로 끌고 간 장본인인 관리들 때문에 백성들은 재산을 모으고 산업을 일으키기 위해서 일하려는 온갖 의욕을 잃은 지 오래이다. 일하지 않고 사는 도시가 서울 말고는 세계 어디도 다시 없으리라 본다.

조선의 특산품과 주거 관습

이 나라 상점에서 발견할 수 있었던 유일한 물건들은 금속붙이가 장식된 나무나 종이로 만든 가구들, 모자, 면(綿)과 나막신,[66] 담뱃대와 한지(韓紙)[67] 뿐이었다.

나의 인도, 일본, 중국여행 경험으로는, 외국 관광객이 도착했다는 것을 어디서 그렇게 재빨리도 알았는지 내 방 앞에나 집 앞에는 이미 토산물이나 신기한 상품을 팔려는 사람들로 들끓고 있었다. 그러나 서울에서는 내가 장사치

---

66) 저자: 나무신.
67) 저자 : 종이.

를 부른 뒤에야 고작 목궤나 모자, 곰방대, 종이로 만들어
진 물품을 가지고 상인 몇 명이 나타났다. 다른 공예품으
로는 거칠게 만들어진 칼, 부채, 단도 등에, 장신구 역시
동이나 주석으로 된 것뿐이었다. 서울에는 예술인이나 공
인이 없는 듯하다. 어차피 알아주는 사람도 없고 찾는 사
람도 없는데 그들이 있을 필요가 있는가!

이 나라의 주거방식도 우리에게는 기이하게 보였다. 끝
도 없이 이어진 한없이 많은 골목길을 다니면서 아무리
자세히 보아도 틀리게 생긴 집이라고는 전혀 없이 모두
가 똑같았다. 다른 점이 있다면 단지 집 구조가 약간 달
라서 어느 집은 방이 두 개이기도 하고 혹은 셋을 가진
게 다르다고나 할까. 집 바깥 벽은 깎아 다듬지 않은 돌
멩이로 차곡차곡 쌓았고 방바닥은 땅에서부터 약 1~2
척 높이쯤 올려서 그 위에 편편한 돌이나 널판지를 깐
후 흙을 바른다.

집 벽은 대나무로 엮어 흙을 발랐거나 3~4 척 높이쯤
되게 돌멩이를 짚으로 엮어서 쌓고 그 사이 사이에는 흙을
발라 짓기도 했다. 벽 윗부분은 독일 프랑켄 지역의 전통
건축양식과 비슷하게 나무를 사이에 넣어 흙으로 발랐다.
별로 잘 다듬어지지 않은 나무기둥 네 개가 2~3척 정도
두께의 볏짚단으로 이어진 지붕을 받치고 있다. 다른 한
켠에는 역시 흙으로 발라 만든 부엌이 밖으로 나 있는데
그 근처에는 곡식, 물, 고기며 그 외 살아가는 데 꼭 필요한
온갖 식품이 담겨 있는 큰 독들이 놓여 있었다. 거실 문은
길쪽으로 나 있고, 두세 개의 종이창문이 지붕에 거의 딱
붙어 나 있었는데 이 창들은 우리가 사용하는 창문처럼 양

쪽으로 열도록 된게 아니라 위로 올려서 열게 되어 있다.

방 바닥은 두껍고 거친 기름 종이가 깔렸으며 그 위에는 짚(왕골)으로 짠 자리가 깔려 있다. '화장실'이라는 곳은 방에서 길 쪽으로 따로 만들어져 있는 아주 작은 방인데 대부분 길거리에 붙어 있기도 하고 집 문 바로 옆에 있기도 하다.

방 바닥이 무릎 높이쯤 올라와 있는 이유는 홍수나 벌레 따위를 피하려는 이유도 있겠지만 방에 불을 지피기 위함이다. 아궁이에 불을 때면 거기서 나오는 매운 연기는 굴뚝을 통해서 즉시 밖으로 빠지지 않고 온돌 아래를 돌아서 밖으로 빠지게 되어 있다. 서울에 있는 집들을 보면 외부로 흙으로 발린 아주 나즈막하고 새까맣게 그을린 굴뚝을 볼 수 있다. 아침 저녁으로 여기서 뭉게뭉게 나오는 연기가 좁은 골목길을 꽉 채워 사람이 숨을 쉬기도 힘들고 굴뚝이 나 있는 편의 바깥 벽이나 초가지붕은 시꺼먼 재로 덮여 있었다.방 바닥 밑으로 스며든 열기는 구들을 달구어서 흙으로 발려진 방 바닥을 금세 뜨겁게 하지만 이 온기가 그리 오래 가지는 않는다.

추운 겨울에는 밤새도록 불을 지피는데 남녀노소 전 가족이 이 좁고 무더운 방 하나에서 자면서 어떻게 견딜 수가 있는지 신기할 뿐이다.

여름철에는 부엌에서 불을 땐다 해도 구태어 찜통 같은 방안에 있을 필요가 없고, 밤에도 대부분 집 앞 땅 바닥에서 시간을 보낸다. 침실과 거실이 따로 있는 좀더 나은 집들도 이 열기가 길거리로 빠지기 전에 거실 밑을 지나도록 되어 있다.

서울 시내에서 실내에 장식할 수 있는 그림을 찾느라고

무척이나 찾았지만 헛수고였다. 기껏해야 벽걸이로 한문 글귀가 쓰인 족자[68] 나 방 한 구석에 놓을 수 있는 목궤나 거칠게 만들어진 장, 잠자리에 깔 돗자리나 모피가 고작이었다. 조선인이 베개로 사용하는 것은 목침이다.

붙어 있는 집들 사이에 땔감인 짚단이나 나뭇단이 쌓여 있었다. 물독과 양동이가 놓여 있는 주위에서 아이들이 개, 닭들과 함께 어울려 놀고 있고, 남편이란 주인양반이 점잖게 갓을 쓰고 곰방대를 빨며 소일하거나 이웃으로 놀러 가는 동안에 집안 노예와 비슷한 여인들은 언제나 다름없이 가정사를 꾸려가느라고 분주히 손을 놀리고 있었다.

두 궁궐 사이 한 곳에만 유달리 넓고 방이 많은 좋은 집들이 있는데 이 가옥에는 이 나라에서 막강한 세력을 갖고 있는 지배층 양반들이 살고 있다. 그러나 이 집들도 단지 초가지붕 대신에 기와를 얹은 게 다를 뿐 겉으로 보기에는 별로 나아 보이지 않았다.

번화가는 종루가 있는 십자로, 상가도 밀집

이러한 양반가(家)에는 길쪽으로 하인 가족이나 가난한 먼 친척들이 와서 거처할 작은 집들이 붙어 있고 뒤켠에는 넓은 뜰이나 정원이 있으며 그 사이에 주인이 거처하는 안집과 '사랑채'가 있다. 이 가옥들 역시 단층으로 나즈막하다. 성안에 높은 건물이 있다면, 대여섯 채쯤 되는 공장가(工匠家)와 시내 중심의 종루에서 멀지 않은 곳에 있는 비단 창고를 들 수 있다. 종루는 서울에서 찾아보기

---

68) 저자: 한자가 적힌 종이

▲ 종각 앞은 늦가을로 접어들면 김장시장이 열렸다.

▼ 서울의 번화가 종로. 전차가 달리고 군악대에 결혼행렬도 보이는 종각 앞 풍경(1900년대)

힘든 몇 개 관광요소 중의 하나로 들 수 있겠다.

높이 올려진 처마 아래, 목책으로 빙 둘러싸인 집안에 엄청나게 큰 종이 지면에서 약간 높게 매달려 있었다. 소리를 울리게 하는, 길이가 4척쯤 되는 통나무 막대기는 수평으로 매달려 있으며 특별히 선정된 고관(高官)[69]이 해가 뜨고 지는 시각을 종을 쳐서 알려주는데 성문이 열고 닫히는 신호도 겸한다.

서울에서 가장 사람이 들끓는 곳이 십자로가 교차되는 바로 이곳 종로, 특히 이 곳에서 죄인의 볼기를 두들겨패거나 무릎을 쳐서 처벌하는 날은 더 번잡하다.

중형(重刑) 즉 참수형이나 사지를 찢어 죽이는 경우에는 인가가 몇 채 있는 서소문 밖 작은 공지(空地)에서 시행된다. 형이 집행된 후 3일간은 베어진 머리나 몸뚱이가 치워지지 않은 채 그대로 뒹굴고 있어서 기분이 좋은 장소는 아니다.

바로 이 서소문에서 그리 멀리 떨어지지 않은 성안에 외국 공관들이 자리잡고 있다.

일본 도쿄나 중국 베이징의 경우에는 외교관이 궁 안에 있기 마련인데 서울에는 단층인 조선식 가옥으로 궁 밖에 있으며, 그나마도 비가 오면 진흙탕 좁은 골목길에서 무릎까지 흙탕물을 적시지 않고는 도저히 지나갈 수가 없다. 그렇지만 일단 우리 공관을 싸고 있는 담을 돌아서 대문 안으로 들어서면 마치 축소된 유럽 세계에 와 있는 인상을 받게 된다.

잘 가꾸어진 정원과 포장이 되어 있는 길, 집안 역시 우아하고 아늑하게 꾸며졌다.

---

69) 저자: 녹을 많이 받는 충실한 고급관리가 종지기를 한다고 소개.

이처럼 아늑하고 편하게 꾸며진 집 주위에는 가끔 우리를 놀라게 하는 일들이 발생하는데, 예를 들면, 내가 도착하기 일주일 전에는 독일 영사 안에 있는 테니스장에서 20보쯤 떨어진 곳에서 살쾡이를, 러시아 영사는 비둘기장 안에서 2미터나 되는 긴 뱀을 잡은 사건 등이다.

북한산 등산길에서 곰 두 마리를 생포

언젠가는 또 멀지 않은 북한산으로 등산을 갔다가 어린 곰을 두 마리나 산 채로 잡아서 서울 시내를 누비면서 돌아온 적도 있었다. 외교관 앞 잔디가 깔린 들판에는 오소리와 족제비, 왜가리 무리와 기승을 부리는 까치들이 서울 지역뿐만 아니라 이 나라 전체를 독차지한 듯이 떼지어 날아다닌다.

외국인 거주지역으로 통하는 거리가 좀 깨끗하기만 하다면 얼마나 좋을까. 내국인의 청결을 위해서 외국인들이 이제까지 무척이나 애썼으나 헛된 노력이었다.

조선 사람처럼 청결에 관심이 없는 민족은 그리 흔하지 않다. 그런데도 우리가 이해할 수 없는 것은 이 지저분한 오물 속에서 살고 있는 사람들은 한결같이 흰 옷을 입는다. 몸은 더럽고 머리카락이나 수염도 깎은 적이 없어 보였다. 집안은 불결하고 물 것들이 득실거리는데도 이 나라 사람은 백의민족으로 아랍인보다 더 하얗게 입는다. 윗도리도, 복사뼈 위를 끈으로 묶은 바지도 흰색이오, 겨울에 입는 솜바지도 흰색이고, 외출할 때 입는 무릎까지 내려오는 넓은 소매가 달린 외투[70]도 흰색이다.

이 나라 여인들은 일생의 절반은 이 옷을 빨고 풀을 먹

---

70) 두루마기.

여 다리고 꿰매면서 보내야 한다. 이 곳에서는 구김살이 진 옷을 우리처럼 다리미로 펴는 게 아니라 단단한 나무 방망이로 마른 옷이 반반해질 때까지 계속 두들긴다. 그런 후에야 잠옷처럼 생긴 겉옷에 풀을 먹인다. 부유한 사람들은 겉옷을 뜯어서 빨았다가 다시 바느질을 해서 입지만 가난한 사람들은 안팎을 함께 꿰매서 입는데 젖어서 떨어질까봐 비가 내릴 때는 기름을 먹인 종이로 된 긴 웃옷을 걸치고 갓 위에는 또 '보호지붕' 모양으로 된 종이 덮개를 쓴다.

'보호지붕'이란 표현은 내가 특별히 골라 쓴 것인데, 우리 유럽 사람들은 이런 한국 남자들이 쓰고 다니는 갓의 창 둘레가 얼마나 넓은지를 가히 상상할 수가 없기 때문이다. 서울에서 쓰고 다니는 모자 중에서 가장 작은 것으로는 '램브란트[71]의 인물화에서 보는모자'를 상상하게 하지만 빳빳하고 위에서부터 곧바로 내려오면서 테두리가 있는 모양이 마치 미사 때 주교가 머리에 쓰는 관과도 비슷해 보인다. 직사 광선이나 비를 피하기 위해서 쓰는 모자라고 생각이 들 수도 있겠으나 다른 점이 있다면 이 모자는 말총이나 대나무를 가늘게 잘라서 채처럼 촘촘하고 속이 환히 들여다보이게 만들어졌다는 점이다. 갓의챙은 사람의 머리보다 두 배나 큰데 턱 아래 검은 끈으로 묶지 않았다면 실낱 같은 바람이 불기만 해도 훌떡 날아가버릴 정도로 가볍고 턱 아래에 묶여 길게 늘어진 검정색 갓끈은 유리나 호박 등으로 장식이 되어 있다.

남자들이 결혼한 표시로 상투가 보이게 하느라고 이처럼 속이 환하게 들여다보이는 갓을 쓰는지도 모른다. 혼인

---

71) 16세기 네델란드 유명 화가.

한 남자는 머리카락을 머리꼭지 위로 빗어 손가락 한두 개 정도 두께의 '소시지' 모양으로 틀어올려서 행여나 이 상투가 다칠세라 말총으로 만들어진 좁다란 것으로 상투를 빙 두르고 그 위에 다시 검은 말총 갓을 뒤집어쓴다. 이 정도는 우리가 자주 볼 수 있는 가장 평범한 모자형이고 갖가지 특이하고 요상스럽게 생긴 모자형의 유래를 다 찾아보려면 아마도 유럽 복식사를 시초부터 다 뒤져야 되겠다.

기이한 것은 의상과 집 구조뿐만이 아니다. 조선인의 전통과 관습은 어떤가? 명나라가 망한 후 중국 사람들은 신흥 세력인 타타르 왕조와 함께 만주인의 관습과 풍속을 받아들였지만, 조선은 그 폐쇄성 덕분에 중국 난징에서 지켜오던 관습이 현 세기말인 지금까지도 남아 있다. 이 또한 14세기 때에나 볼 수 있었을 중국과 조선의 문화가 뒤범벅이 된 기묘한 배합이다.

일본군이 이미 나팔과 북을 두드리면서 조선에 들어온 지금, 일본의 문화가 조선에 영향을 미칠 것은 틀림이 없다. 그것이 '일본문화화'라고 해석이 되어야 할지는 별개의 문제이다.

조선의 왕과 조정

일본군이 조선을 점령해서 주둔하므로 인해 역사적으로 조선과 중국 사이의 주종관계가 종막을 내렸다고 생각된다. 수년 동안 중국은 조선에 사실상 권리를 주장할 만한 힘도 없었을 뿐더러, 외부의 압력에 눌려 서양제국에 공식적으로 조선의 외교정치에 대한 전 책임을 부인했으며, 조선국이 외교 사절을 각국으로 파견하고 서구와 통상

조약을 체결하는 것을 묵인함으로써 조선의 자율을 인정하는 셈이 되었다. 이에 따라 서양은 조선을 자주국으로 인정하게 되었다. 그럼에도 불구하고 조선은 아직까지도 스스로가 중국의 속국으로 인정하고, 조선의 절대군주인 이희(Li-Hsi)는 지금까지도 중국 천자(天子)에게 인접국 군주중에서 가장 충직한 신하이다.

얼마 전 조정에서 발간된 문서 중, 4월 22일자 소식에 1월에 공물을 가지고 중국 황실로 떠났던 동지사가 중국 황제의 칙사와 책력을 가지고 돌아왔다는 내용이 적혀 있다.

이 책력이라는 것은 주종관계에 아주 중요한 역할을 하는데 이 책력을 만드는 것도, 하사하는 것도 오직 중국 황제만의 특권이다. 천문과 수학을 관리하는 부서에서 이것을 황제에게 바치면 황제는 여기에 황제의 칙령이 적힌 낙관을 찍어서 각 속국으로 보낸다. 다른 책력을 사용하는 것은 금지되었고 어길 경우 처형을 당하였다. 해마다 예복을 갖춘 고관들이 조정에 나와서 장엄한 의식하에 이 책력을 '접수해야' 하는데 책력을 받는다는 것은 신하요, 종속국임을 인정하는 것을 뜻하고, 이를 거절하는 것은 곧 반역을 뜻하였다.

수백 년 동안 조선은 이 책력을 받아왔고 중국 천자가 있는 베이징에 사신을 보내 1637년 조약에 따른 공물을 보냈다. 조정이 가난해서 공물을 바칠 수 없을 경우는 중국 황제는 이를 또한 너그럽게 용납하기도 했다. 유럽에서는 아시아 나라들이 무엇을 조공물로 바치게 되는지 상상할 수 없을 것이기에, 여기서 조선이 매년 중국에 바치는 조공물을 자세히 기록해 보겠다.

황금 1 천 근, 은 1 천 근, 쌀 1 만 석, 비단 2 천 필, 목면 1 만 필, 대형(大形)의 한지 2 만 장(한지는 한국의 특산물임), 질이 좋은 칼 2 천 자루, 황소(물소)뿔 1 천 각, 초석 40 개, 후춧가루 10 자루, 색염료 2 백 파운드, 호랑이가죽 1 백 장, 노루가죽 1 백 장, 오소리가죽 4 백 장 등이다.

조공을 바치러 가는 사절단은 중국에서는 천황의 접객

이므로 역시 중국 베이징에서 진귀한 예물을 많이 받는다. 이 사절단과 수행원이 누릴 수 있는 이보다 더 큰 혜택은 중국에서 본국으로 가지고 오는 모든 물품에 세금이 부과되지 않는 것이었다. 이 특권은 각종 폐단을 낳기도 했는데 예를 들면, 짐 속에 아편, 옷감, 비단 원료부터 시작해서 수천 냥 가치에 해당하는 물품들을 밀수입해서 본국에 들어오면 부자가 될 밑천을 한몫 잡게 되었다.

중국이 요즘 조선과의 종속관계를 공적으로는 부인하
고 있지만 이러한 역사적 관계가 아직도 지속되고 있음을
증명할 수 있는 것은, 조선에 신왕이 등극하면 중국 황실
에 특사를 보내서 왕위의 임명을 청하고, 중국 천자는 새
로 등극한 국왕에게 칭호와 함께 쌍룡이 수놓인 의상을 하
사한다. 이를 수행하러 온 중국 특사는 천자를 대신하는
위치이므로 왕이 몸소 도성 밖에까지 나가서 공손하게 이
마를 땅에 조아리는 인사로 맞아야 한다.

이 곳 서울내 숙소의 창문을 통해 서문 밖 베이징으로 나
가는 길목에 붉은 문이 서 있다. 바로 이 문 앞에서 조선 왕
이 중국 천황의 사신을 영접했다. 이것이 중국의 한국에
대한 우월성의 한 단면이다.

그럼에도 불구하고 조선인들은, 이 세상에서 자기네 왕
보다 더 위대하고 신성한 군주는 없다고 믿는다. 조선 왕
은 지구상에 있는 다른 전제군주 중 어디서고 두 번 다시
볼 수 없게 호화롭고 화려한 예식에 둘러싸여 있다. 뿐만
아니라 왕의 생활과 거동에서부터 1 천 2 백만 명의 백성
들 사이의 관계까지 엄격하게 규제되어 있는 나라는 세계
어디서고 조선 외에는 두 번 다시 찾아볼 수 없을 것이다.
중국 황실의 예식도 이렇게 화려하고 엄격한 조선 왕실의
예식에 비해서 썩 낫지는 않다.

서울에 도착한 첫날, 나는 1천 척쯤 높아 보이는 남산에
올랐다. 그 산 아래로 서울의 오막집들이 마치 바다를 이
룬 듯 멀리 내려다보였다. 나는 먼저 왕궁이 어디 있나 하
고 황량하게 뻗은 북한산 사이를 두리번거리면서 찾아보
았으나 똑같이 보이는 수많은 초가지붕들 속에서 궁은 쉽
게 눈에 띄지 않았다. 한참 후 하얀색 긴 돌담으로 둘러싸

인 높은 중국식 대문 사이로 울창한 숲속에 한 무리 가옥
과 그 가운데에 자리잡은 두채의 집이 돋보였다. 바로 거
기가 왕이 머무는 곳이다.

절대적인 군주 조선의 왕

내가 들은 바에 의하면, 일본군이 들어오기 얼마 전까지
만 해도 왕은 옛궁에서 살고 있었는데 어느 날 갑자기 뱀
한 마리가 거실 천장에서 뚝 떨어졌다. 즉시 예조판서가
나타나서 이는 불길한 징조이니 궁을 옮길 것을 청했다고
한다. 조선 백성들이 일본 공사관으로 쳐들어갔던 해인
1884년에 국왕이 온 왕실가족인 내시, 궁인, 무희(舞姬),
궁녀들을 데리고 이 궁으로 이사를 하자마자 일본군이 재
차로 서울에 쳐들어온다는 소문이 떠돌았다. 그래서 왕은
다시 부랴부랴 전에 거처하던 궁으로 돌아와서는 고관들
까지 궁 안에 들어와서 왕을 호위하라는 명령을 내렸다.

서울의 동·서문을 연결하는 대로는 왕궁 입구로 향하
는 길과 연결되어 있다. 양쪽으로 아름답게 솟은 기와지붕
만이 남아 있는 석조 가옥이 폐허가 된 채 서 있다. 열려 있
는 문 사이로 찢어진 종이창문에, 방 바닥은 금이 간 채로
텅 빈 내부에는 가구나 책 한 권도 찾아볼 수 없었다.

백여 년 버려진 듯 마냥 황량한 모습이었다. 대로 한가
운데는, 무시무시하게 생긴 해태 한 마리가 남산을 바라보
면서 엎드려 있었다. 내놓을 만한 근거도 없이 내국인늘은
남산을 잠자고 있는 화산이라고 믿고 있어서 얼굴을 찡그
린 표정을 하고 있는 이 호랑이상(像)이 나쁜 신(神)을 막
아준다고 믿고 있다.

계단 몇 층을 올라가면 궁을 둘러싸고 있는 담에 붙은 웅

장한 대문이 나온다. 고관대신들과 외국인들만은 이 대문 앞까지 가마를 타고 올 수 있으나 여기서부터는 가마에서 내려 걸어가야만 했다. 비가 쏟아지는 날, 우리 외교관들이 관복이 흙탕물에 몽땅 젖어버리는 치욕을 참아야 했던 반면에 중국 사신들은 왕을 배알하는 장소에까지 가마를 타고 들어가는 특권을 누렸다. 이미 언급한 것처럼 중국 황제가 충성스러운 조선 왕에게 관대했던 부분이 있었던 것처럼, 조선 왕 역시 천황에게 관대한 것인가!

조선의 고관들이나 서양 외교관도 왕이 정한 알현 때 외에는 이 대문을 통과할 수가 없다. 세개의 성문 중 중문은 항상 잠겨 있는데 이는 왕이나 중국 특사만 드나들 수 있는 문이다.

다른 두 문도 항시 병졸이 지키고 있다. 이 병졸들은 어느 모로 보나 중국 병졸에 비해 나은 편이다. 열린 두 문 사이로 한 자 반 정도 넓은 대리석이 놓여 있고 입구 벽과 돌까지 두터운 쇠막대기가 채워지는데, 조선에서는 보통 이런 식으로 성문을 잠근다. 궁궐에 들어가려면 반드시 책임부서의 허락을 받아야 되는데 입궐이 허용되는 증서는 여자들에게는 해당되지 않는다. 이는 조선에서는 여자란 공식적으로 존재하지 않기 때문이다.

입궐하는 것이 얼마나 엄격한지는 1894년 1월 29일자 공식 문서를 보면 알 수 있다. 6품직의 강홍이 왕에게 탄원서를 바치기 위해 큰대문의 서문을 지나 왕이 거처하는 궁으로 통하는 '유화문'까지 들어올 수 있었다. 곧 수문(守門)병의 부주의 때문에 생긴 불상사라 여겨 즉시 호조참판이 질책을 받았고 수문장은 곤장으로 다스려졌다. 왕을 가까이서 접근한다는 것은 옛날에는 상상할 수가 없

▲ 고종황제의 초상(판화)

었다. 그러나 지금은 이처럼 엄했던 입궐에도 예외가 생기기 시작해서 필요에 따라서는 외교 사절들의 배알이 썩 어렵지는 않다. 그런데도 나는 궁궐을 산 위에서 망원경으로 대충 보는 것으로 만족해야 했다.

궁의 내실은 작고 낮으며, 가구라고는 그저 궤짝 몇 개에 양탄자를 제외하고는 별 실내 장식도 없는데, 들은 바에 의하면 궁실에는 옥좌 밑에 깔려 있는 브뤼셀산(産) 양탄자가 유일한 장식이며 왕을 찬양하는 벽화 몇 점이 걸려 있다고 한다.

배알실은 왕의 거실에서부터 약 1 백보쯤 떨어진 거리에 있다. 왕은 영접시에 발까지 내려오는 호화찬란한 붉은 비단 옷을 걸치고 화려한 금실로 쌍룡이 수놓인 둥그런 메달 같은 모양의 흉배을 가슴에 붙였다.

왕위의 상징인 옥새를 가진 사람은 누구든지 왕이 될 수 있다. 우리 유럽에서 제관식에 빠질 수 없는 왕관, 왕홀, 그리고 제왕이 손에 들고 있는 지구형이란 상징물이 없다. 배알시 왕을 수행하는 대관들 역시 호화스런 관복을 입고 우리에게는 낯선 모자를 쓴다. 대신들은 왕 앞에 가면 이마를 땅에 조아리고 몇 번이고 절을 한 채로 접견 시간을 견뎌내야 한다. 왕은 한쪽에는 옥새를 지키는 수장을 두고, 환관들로 둘러싸인 채 —접견자가 외국인 경우에는— 통역관을 시켜 말을 주고받는다. 이 나라 왕은 연중 네 번, 새해, 왕과 비의 생신일, 살해되었다고 여겼던 왕비의 환궁을 기리는 축연잔치 등에 외국사신도 참여할 영광을 베푼다. 연회시 왕은 외국 사절들에게 부채나 비단을 하사함으로써 예를 차린다.

조선 왕은 신성한 존재이다. 누구도 왕을 똑바로 쳐다볼 수 없고, 어쩌다 왕이 신하의 몸 어디를 스쳤을 때는 왕이 스친 곳은 신성한 곳이므로 이 신하는 일생 동안 그 자리를 붉은 실로 감고 지낸다. 이 나라 왕은 법과 질서를 초월하는 절대적인 군주이다. 왕의 말 한 마디로 몇 백 명의 목이 날아가는 것은 문제도 아니다.

조선에서 왕이 얼마나 신성한 것인지는 다른 곳에서도 볼 수 있다. 관습에 의하면 한국에서는 상제는 부채꼴로 된 천으로 얼굴을 가려야 한다. 그렇지만 왕 앞에서는 상제까지도 부채로 얼굴을 가릴 수도 없고 안경을 써서도 안 된다. 기마병도 궁궐 앞을 지날 때는 말에서 내려야 하며 왕의 얼굴이 그림이나 동전에 나타나면 안 되는데, 이는 왕의 위엄을 모독하는 것이라 여기기 때문이다.

왕은 선친의 묘에 성묘를 할 때나, 비를 기원하는 제사를 지내기 위해서 제단이 있는 곳으로 행사하는 경우 외에는 궁을 떠나는 법이 없다. 왕의 궁 밖 행차를 위해서는 특별히 풍수가 길일을 잡아야 하며, 행차가 지날 거리는 깨끗하게 청소를 하고 행차가 지나는 길에는 오두막과 노점을 철거해야 한다.

1892년 9월 5일 행차시에, 구경꾼이 밀어닥쳐 행차가 소란해졌다는 이유로 '호조참판'과 '한성판윤'의 석 달 봉급이 삭제된 사건이 있었다.

창문은 열지 못하게 붙여야 하고 왕을 쳐다보아서는 안 된다. 몇 백 명의 대신, 관리, 군관이 앞서고 '이 희'라고 왕의 이름이 쓰인 팻말, 왕의 상징인 휘장, 도끼, 칼과 삼지창, 그 뒤로 붉은색 비단에 용이 수 놓인 왕실 깃발을 기마병이 들고 따른다.

왕은 온 사방이 트여 화려하게 장식된 연에 앉아 있는

데, 이 연은 교자꾼 12명이 멘다. 왕비가 행차를 따르게
되는 경우, 앞이 막힌 가마를 타고 따르게 된다. 왕의 뒤로
는 환관, 시종, 아름답게 차린 수백 명의 무희들이 계급이
나 서열에 따라서 질서정연하게 수행을 한다.

심지어 수라 시간과, 수라상에 오르는 반찬도 모두 법규
에 따른다. 왕은 이 나라에서 우유를 마실 수 있는 유일한
사람이다. 조선에서는 소젖을 짜지 않는다.

왕은 한밤중에 집무

조선에는 옛날부터 봉화를 사용해서 전국 8도에 위급
함을 알릴 수가 있었다. 보통 때에도 저녁마다 지정된 산
봉우리에서 봉화를 올렸지만 외부로부터 위험이 닥칠 경
우 그 수를 배로 늘려, 전국 방방곡곡에 봉화가 연달아 오
르면서 수도 서울까지 전해진다. 수도에서는 먼저 서문에
서 가까운 산 위에서, 그리고 마지막으로 남산에 돌로 쌓
인 제단에서 큰 짚뭉치 4단에 불을 붙이면 위험이 물러가
고 평화가 왔다는 것을 왕에게 알리는 신호가 된다. 지금
이 나라에 일본군이 들어와 있는데도 매일 저녁 남산 꼭대
기 봉화대의 네 곳에서 불이 계속 올라오고 있으니 지금의
봉화는 그저 습관적으로 올리는 모양이다.

왕의 집무 시간은 한밤중인데, 자정 한 시간이 지나면
두 번째 수라를 들고 동이 틀 때까지 정사를 본다. 성문을
열 시간이 되면 왕이 보관하고 있는 성문 열쇠를 병졸이
찾아가면서, 조선 왕의 하루 일도 끝이 난다.

조선 군주를 알현할 기회가 있었던 이방인들은 한결같
이 조선의 왕이 인자하고, 잘생긴 편이며 나라와 백성의
안녕을 위해 애쓰고 있다고 한다. 그러나 조정의 신하들은

오늘까지도 온갖 부조리한 정사로 백성을 도탄에 빠지게 한다. 관직은 돈을 가장 많이 내는 사람에게 팔리고, 정사에는 인척관계 및 원한 등이 깊이 관여된다.

왕이 개혁을 원하는 기색이 조금이라도 보이면 처가인 민씨 가문으로 구성된 조신들은 왕의 뜻을 막기에 급급하다. 인자하고, 그러나 이제까지 환관들, 예쁜 궁녀들에게 둘러싸여 호사스런 궁중에서만 살아온 이 왕은 대신들의 반대를 물리치고 지금의 난세를 이겨나갈 힘이 있을 리 없다. 이 넓은 지구상에 한편으로는 이처럼 빈궁하고도 불행한 백성들이 존재하고 다른 한편으로는 양심 없고 무법자 같은 지배층이 있는 곳은 드물 것이다.

왕비와 궁중생활

독일 고타시의 일간지에 조선 왕실에 대한 다음과 같은 기사가 났다.

"이희, 조선 국왕(현 왕조 28대). 전하. 1851년 7월 25일생. 1864년 1월 철종 뒤를 이어 왕위를 계승. 1850년 9월 29일생인 민씨 가문의 한 여인을 맞아 혼인하다."

이 기사에 왕비 이름이 기입되지 않은 데는 이유가 있다. 여느 조선 여자들처럼 새로 간택된 왕비도 이름이 없기 때문이다. 조선 여인은 결혼할 때까지 '누구 아무개 딸'로 통한다. 왕비 역시 혼례 후 짧게 '왕비'로 칭해질 뿐이다. 왕비는 지금 왕보다 한 살 위인 44세로 결혼한 지 벌써 30년이 다 되어간다. 그러니까, 두 사람이 혼인을 뜻하는 맞절을 한 때가, 왕은 14세, 왕비가 15세였다. 정혼은 그보다 몇 년 전, 두 사람이 어린애였을 때 이미 정해졌다.

조선에서는 어느 누구도 스스로 배우자를 고를 수가 없

▲ 명성황후 민비의 초상(판화)

다. 왕실은 더더욱 그렇다. 왕이나 왕자들이 일정한 혼기 — 즉 14세부터 — 에 이르면 가문이 좋은 양반댁의 적령기에 있는 딸들은 다른 데로 정혼을 할 수 없고 간택을 위해 대기하고 있어야 한다.

신랑이 될 왕자는 간택된 비(妃)를 혼례날에야 볼 수 있는데 배우자가 예쁘든 밉든, 마음에 들든 안 들든 결혼을 해야 한다. 온통 하얀 분칠을 한 신부의 얼굴이 평상시와 같은 얼굴인지도 볼 수 없다. 또 신부는 보지 못하게 혼례식 때부터 3일간 눈을 붙여두고 3일간 말을 해서도 안 된다.

동방의 왕자들이 자유를 맘껏 누리고 있다고 우리는 믿고 있었다. 마치 우리 책장사들이 고객에게 "마음에 들지 않으면 언제든지 반환해도 좋습니다"라고 하는 식의 배우자 선택의 자유가 불행히도 이 나라에는 없다. 왕비가 될 여인이 벙어나 사팔뜨기가 아닌지 먼저 환관이 전국을 수소문하고 돌면서 가장 마음씨가 곱고 아름다운 처녀를 골라 목록을 만든다. 1차 간택에 선정된 처녀들을 궁궐로 불러와서 대비와 고관들이 친히 간택을 하는 것이 2차가 된다. 1893년 10월 15일자에 왕신지에 다음과 같은 사항이 반포되었다. "왕명에 따라서 셋째 왕자 의화군의 3차 간택이 이 달 말에 거행된다." 이런 과정을 거쳐서 현왕의 세째 아들이 혼인을 했다.

군권·경제권도 외척인 민씨 가문에

10월 16일자 소식에 따르면 다시 왕명으로 셋째 왕자 의화군의 스승이 결정되었고, 예조에서는 3차 간택일을 (점성가에 의해서) 이 달 20일로 정했다. 3차 간택에 오른 신부 후보들은 당사자인 왕 앞에 서게 된다. 전국에서 여자를 맞대고 볼 수 있는 유일한 남자는 왕밖에 없다. 그리고 바로 그 날로 예조에서는 비의 간택이 끝났음을 알린다. "김사준의 따님이 의화군의 비로 간택되었음을 제례청에 알리노라."

이번 간택이 다른 때에 비해서 빨리 결정이 난 것도, 현왕비의 가문인 민씨 집안 규수가 아닌 것이 의외이다. 민씨 가문은 수 백 년을 내려오면서 이 나라를 실제로 지배했고 현재에도 가장 권세가 높은 집안이다. 이는 민씨 가문이 왕실은 물론 베이징의 천자와도 밀접한 주종관계를 유지해왔기 때문이다. 정부 요직이나 병력통수권, 대부분의 국고가 그들 손아귀에 들어 있다.

중국을 지지하는 반(反)일본 민씨 세력을 제거하기 위해 일본은 제일 먼저 조선 국왕으로 하여금 민씨 가문의 권력을 대변하는 왕비를 궁궐에서 몰아내도록 선동했다.

민씨 외척 세력에 의해 수년 동안 착취당한 백성들도 명성황후를 별로 지지하지 않았다. 그래서 1882년의 반란은 주로, 민씨 가문의 지배 세력에 대항한 것이고, 그 결과는 민 왕비가 겪었어야 했던 '낭만적인' 모험이었다. 백성들은 나라가 일본과 서구 세력에 밀려 개항하는 것을 반대한다. 개설된 항구에 이방인이 득실거리고, 서구식의 힘든 군대 훈련, 신무기 도입, 이 모두가 이 땅을 피로 물들인 것 외에 별 좋은 결과를 얻은 게 없기 때문이다.

금년은 가뭄과 흉작으로 기근이 심해져서 민심은 더 흉흉해졌고 수적으로 적은 서양인들은 신변의 위협을 느껴야 했다. 얼마 전 헝가리에 유태인이 아이를 잡아먹는다는 낭설이 떠돈 적이 있었는데 나는 여기 조선 외부(外部)에서 발간한 이와 비슷한 경고문을 읽었다.

" 항간에 떠도는 설에 의하면 아이들이 사라지고, 외국인들은 아이들을 사서 요리를 해 먹는다고 한다. 진실인지는 아직 알 수가 없으나 이 풍문이 사실이라면 우리는 그들에 대한 혐오감을 감출 수가 없겠다. 아이가 없어지는 경우 아이들이 어떻게 되었는지를 즉시 추적하는 동시에 그 결과를 관에 알리면, 우리는 외교 대표들과 협상을 해서 범죄자를 교수형에 처하도록 조처하리라."

1882년 7월 23일, 국왕은 관습에 따라, 비를 기원하기 위해서 '천지'신전으로 제사를 드리러 행차를 하게 되었다. 책략가이며 왕의 생부인 대원군은 이 기회에 왕비를 몰아내고 왕권을 장악한 뒤 스스로 왕위에 오르려는 모의를 꾸몄다. 그의 사주를 받은 반란군이 국왕에게 접근하려고 했으나 왕은 다행히 피할 수 있었다. 난군은 빈전에까지 침입했으나 차마 왕비를 살해할 수는 없다고 여기어 독약을 마시고 스스로 목숨을 끊게 했다. 앞에서 한 여인이 약을 받고 쓰러지자 폭동들은 왕비가 죽은 줄로 믿었다. 그러나 왕비는 궁 뒷산으로 피신해서 급히 중국에 도움을 청했다. 중국군이 서울에 입성했고 반란은 진압되었다. 죽었다고 믿었던 왕비의 환궁! 한 충직한 궁녀가 왕비로 가장하고 사약을 받았던 것이다. 그때부터 이 날에는 왕비의 재생을 기리는 연회가 성대하게 열리고 있지만 이느 누가 이 가련한 궁녀의 충직을 생각해줄런지!

왕비는 친족 외에는 어느 외간 남자에게도 얼굴을 보이지 않는다. 국모로서 왕을 대신해 국사를 보아야 할 경우에도 발을 치고 청정을 한다. 연회 때도, 외교 사절단이 왕을 배알할 때도, 왕비는 궁녀들과 함께 발 뒤에서 경청한다. 어느 한 외교관이 왕을 접견하는 동안에 뒤켠에서 이상한 소리가 들렸는데 무슨 소리였는지 후에 알아보니 궁내 여인들이 손가락으로 종이문을 뚫고 이방인을 구경하면서 재미있어 하는 소리라고 통사가 설명해주었다.

왕비가 태아를 가졌을 경우 전 백성은 석 달 동안 소를 잡으면 안 된다. 왕비는 매년 한 번씩 백성 중에 80 세가 된 여인들을 위해 잔치를 베풀고 국왕도 역시 80세의 노인 남자들에게 향연을 베풀어준다.

왕자가 태어나면 전국에는 잔치가 열리고 온 관청은 쉬며 죄수들은 석방이 된다.

현 왕비가 결혼 11 년 만에 왕세자 이척 (저자: Li Tschock)을 출산했으나 이 왕자가 독자는 아니다. 다른 동방국 왕들이 하듯이 이 나라 왕도 언제고 다른 여인을 가깝게 할 수 있고 정식으로 비가 된 여인만 해도 수를 헤아릴 수가 없다.

현왕의 둘째 왕자 이간과 셋째 왕자 의화군은 '첩'의 소생이다. 왕위를 계승해야 할 왕세자가 꼭 정부인의 소생이나 장자가 아닐 수도 있고, 왕의 총애에 따라서 '첩'의 소생이나, 왕족 중 형제, 숙부 등 적절하다고 여기면 왕위를 계승할 수도 있다.

친족에 왕자가 없으면 여자가 왕위를 계승할 수 있는데 역사상 세번의 여왕 정치가 있었다.

왕실 태생 남자들은, '왕'이란 칭호가 붙은 왕세자라도 정치에는 참여할 권한이 없다. 중전과 다른 비들은 각각 따로 궁을 갖고 궁녀, 환관, 궁인을 거느린다. 다만 중전만은 왕과 함께 같은 방에서 수라를 들 수는 있어도 상은 각자 따로 받는다.

국왕이 외교 사절들과 접견을 할 때 왕비는 외교관 부인들과 가족을 불러서 함께 다과를 권하는데 왕비 스스로는 결코 이 음식에 손을 대는 법이 없다.

왕비를 가까이서 대할 수 있었던 서양 여인들에게서 들은 바에 의하면 왕비는 작은 몸집에 못생기고, 흰 분가루로 뒤범벅을 한 얼굴에 귀에서 어깨까지 빙빙 둘러감아 따올린 큰머리를 했다고 한다. 이 머리 모양이 특별한 공식적인 머리형인 듯, 궁녀, 무희, 그리고 왕비 주위의 모든 부인들도 상상이 가지 않는 엄청나게 큰머리를 얹고 있기 때문이다. 이러한 머리 모양을 만들려면 아마도 12명 인디언의 머리카락을 다 모아도 모자라겠다. 이 큰머리 안에 진짜 머리가 들어 있을런지? 그렇지만 우리 선조들도 긴 가발을 썼으니까!

왕비와 궁녀들이 파리의 유행모를 쓸 날은 언제

왕비와 궁녀들이 파리의 유행 모자를 쓰게 될 날이 올런지, 코르셋이 민씨 가문 왕비의 허리를 졸라맬 날이 언제 올런지?

왕비는 일찍이 어느 시인이 '대리석 화산' 이라고 표현한 전통한복으로 얼굴, 복숭아뼈까지 감추고 있는 데 비해 서민 여자들은 가슴을 드러내놓는다.

화려한 비단으로 길고 주름이 풍성한 웃옷의 가장자리에는 금수가 놓여 있고 역시 금수가 놓인 긴 소매에 짧은 웃저고리를 입었다. 두꺼운 솜이 든 흰 버선을 신은 발은 마치 코끼리 발같아 보였지만 실은 조선여인의 발은 자그마하고 예쁜 편이다. 다행히도 중국 여인들처럼 발을 조여 매지 않았다.

이 나라에서는 집안에서 신발을 신지 않는다. 왕 또한 외교관 접견 때에도 버선발이다. 왕비의 주위에 있는 수백 명의 궁녀들은 왕비와 비슷한 옷을 입었지만 긴 웃옷 대신에 팔목 길이의 상의를 입는다. 놀라울 정도로 여러 겹의 치마에, 치마 띠는 가슴 아래로 묶는다. 천은 대부분 비단(양단)과 항라로 녹색, 노란색, 붉은 색이 많다.

궁인들은 혼인을 하면 안 된다. 주거지는 단층이며 커다란 방문은 종이로 발랐다. 여름에는 시원해서 좋을지 모르나 겨울에는 추위를 이겨내기 힘들게 보였다. 방은 아궁이에 불을 지펴 바닥을 덥게 하는데 접견실이나 연회가 열리는 곳은 온돌이 아니어서 외교관들은 겨울에는 매번 감기에 걸리기 마련이다. 이를 고려해서 왕은 접견실에 놋쇠 화로를 놓게 했지만, 불이 지펴 있는 것은 아니었다.

이 글은 《Korea. Eine Sommerreise nach dem Lande der Morgenruhe》 1894. Ernst v. Hesse-Wartegg, Dresden und Leipzig, 1895. 42~72 쪽을 발췌하여 옮긴다.

원시와 문명이 공존하는 나라

-1901년, 지그프리드 겐테 -

지그프리드 겐테 씨는 독일 쾰른의 신문사 기자로 구한말인 1900년경, 유럽 사회에 잘 알려지지 않은 아시아를 실지로 탐사하고 본사에 기사를 보내는 통신기자로 임명되었다.

우선 동남아시아 지역을 탐방한 후 1901년경 조선에 입국하여, 서울을 위주로 해서 남으로는 제주도 한라산 등정에서부터 북으로는 독일인 금강 채굴장이 있는 강원도 지역을 방문하는 길에 금강산 구경 등, 조선 전국을 여행했다. 여행 도중에 쓴 기사는 즉시 인편이나 전보로 독일 본사에 보내졌고 이 기사들은 곧 신문에 보도되었다. 겐테씨는 조선에서 여행 일정을 마친 후 귀국 여로로 다시 동남아시아를 택했는데 말레이시아에서 체류하는 동안에 혼자 저녁 산책을 하다가 주민 강도에게 살해당했다.

겐테 씨는 장래가 유망한 기자로 많은 사람이 그의 죽음을 애통해했다. 겐테 씨를 무척이나 아꼈던 신문사 사장 베게너 씨는 1905년에 겐테 통신기자가 조선에서 미리 보낸 유고를 정리해서 조선 견문기를 발간했다. 또한 당시 겐테 씨와 함께 아시아 여행중 만나서 조선 여행을 같이 했던 영국 기자 앙거스 해밀턴 씨의 영어 원본 《조선 견문기》가 역시 1905년 독일어[72]로 번역, 출판되면서 함께 조선 여행을 하다 먼저 세상을 뜬 겐테 씨에게 이 저서를 기증판으

로 남겼다. 겐테 씨가 살해당하기 전에 이미 여행 중간 중간
에 독일로 보내서 쾰른 매일일보나 학회지에 발표된 내용
을 다시 모아서 펴낸 이 《한국견문기》는 오늘까지도 서
양 학계에서 가장 귀중한 한국 연구 저서로 손꼽히고 있다.
견문기 일부를 차지하는 ' 제주도 탐색 ' 등정에 관한 내용
역시 우리에게는 흥미로운 읽을 거리이다. 신이 살고 있는
신성한 한라산 등정을 내국인은 감히 상상도 못 했는데,
1900년 제주도 원주민의 만류에도 불구하고 혼자서 일주
일간 한라산을 찾았던 겐테 씨는 유럽인, 아니면 조선에 들
어왔던 외국인 중에서 한라산의 신비와 오묘한 경관을 즐
길 수 있었던 첫 등정인일지도 모르겠다.

티베트의 운명과 흡사한 조선

동아시아의 모든 수도 중에서 가장 주의할만한 곳은 '조
선 황제' 가 있다는 서울이다.

서울에서 받게 되는 첫인상 역시 무척 특이하다. 서울은
왕의 거처인 동시에 이 나라의 수도인데도 우리 유럽인이
동화를 통해서 알고 있는, 동방 군주들이 살고 있는 환상
적이고 호화찬란한 왕궁들은 찾아볼 수 없다. 토속적인 전
통 문화와 관습에 매달려 살면서도 새 시대의 발명품에 흥
미를 갖고 새로운 것을 거리낌없이 받아들이고 있고 이 나
라 서울은 퇴보적이고 야만성을 보이는 아시아적인 원시
상태와 서양의 진보적인 문명이 동시에 병행하고 있다. 이
모든 대등관계가 이 현사회의 혼동 속에서도 각각 나름대
로 위치를 잡고 버티면서 제 갈 길을 걷고 있는 것이 참으
로 놀랍고 기이한 현상인데 이런 사회현상을 세계 어느 나

---

72) Angus Hamilton,《Korea. Das Land des Morgenrots.》,Leipzig, 1904
　　"Meinem Reisegef hrten in Korea Herrn Dr.Phil.Sigfried Genthe

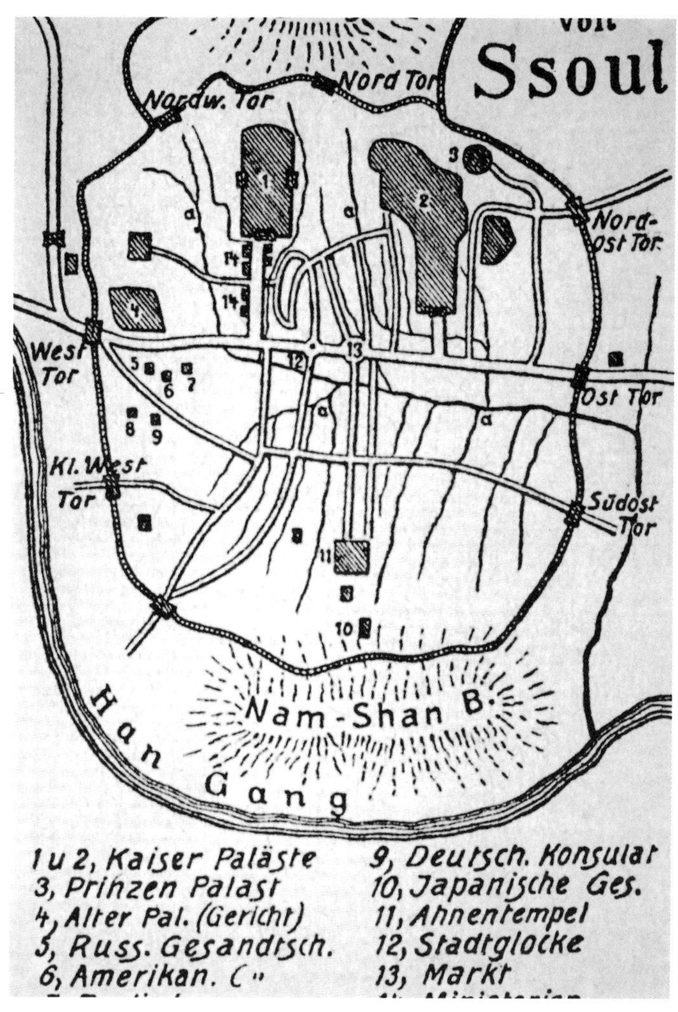

라를 돌아보아도 두 번 다시 찾아볼 수 없으리라 여긴다.

19세기 말(약 1880 ～ 1900년경)에 이르러서야 비로소 이 조그마한, 영토나 국력면에서 아주 약한 조선은 이 나라를 자기 집 드나들듯 찾아와서 행세하는 대국 침략자들인 중국과 일본을 쫓아내려고 온갖 노력을 기울였다.

그러나 결과는 거품이 생기면서 사라지는 그런 상태였다. 대국인 중국이 티베트를 점령하자 티베트가 독립을 부

르짖었으나 성취하지 못하고 정치적 압박과 시련을 당하고 있는 그 국가의 운명이 현재 조선의 운명과 아주 흡사하다.

조선은 유럽에 알려지지 않은 무명의 나라였기에 대국 침략자들을 쫓아내기 위한 투쟁에서 한 민족이 말살된다 할지라도 이들의 부르짖는 외침을 듣고 협력하고자 서둘러 쫓아올 나라는 없었던 때였다.

조선이라는 나라는 19세기 말경에야 겨우 유럽에 알려졌다. 그 이전에도 배편으로 중국이나 일본을 여행하던 유럽인들이 조선 해변가에 도착해서 잠깐 머물다 되돌아갔다는 여행 기사들이 더러 있긴 했다.

제물포 항구에서 조선의 수도 서울에 이르는 거리는 독일에 있는 한자동맹항구[73]의 항만에서 뭍에 이르는 것보

다 비교적 가까웠고, 베이징이나 카불, 네팔 왕국의 수도인 카트만두보다도 더 쉽게 찾아 올 수 있는 곳으로 배에서 내려 몇 시간이면 도달할 수 있었다. 그런데도 이 서울을 찾아서 구경하기를 꺼리고 두려워하여 단지 항구 주변에서만 머물다 돌아간 예가 대부분이어서 이 나라를 방문했다고 할 수 있는 외국인은 극히 드물었다.

그전에는 프랑스 선교사들 외에 유럽인 중 어느 한 사람도 이 나라에 발을 딛는 사람이 없었다. 그러므로 무명의 나라 수도 서울에 대한 관심은 어디까지나 일방적이었다. 물론 낯선 나라를 방문하는 데는 얼마간의 공포와 두려움이 따르기 마련이라서 지나가던 기선이 제물포항에 정박을 하고 있을 때도 더욱이나 주저했을 것이다.

73) 독일 항구도시인 함부르크, 브레멘, 뤼베크.

▲ 한강 빙판 위에서 영국 손님이 조선인에게 서양식 조반으로 빵과 버터를 권하고
있다(1894년 영국 신문)

▼ 호기심에 찬 주인과 나그네가 담배를 피우고 있다(1894년 영국 신문)

1882년에 조선 내부에는 이미 외국인에 대한 중대한 혁신의 파동이 일어나고 있었다. 외세 국가들과 통상협정을 맺은 것이다. 그 당시의 조선 왕은 외국과 우호통상조약을 체결함으로써 외국인에 대한 조선인의 관용과 관심을 나타내는, 즉 마음을 탁 털어내보이는 뜻을 표시했다. 그럼에도 불구하고 서울을 찾아오는 외국인 관광객은 드물었고 심지어 세계 방방곡곡을 찾아다니며 구경하는 '전문' 여행자들로부터도 아직은 외면되고 있는 상황이다.

수박 겉핥기식의 조선 관광객

서울이나 조선에 관심을 갖고 찾아오는 여행객들은 극히 소수에 불과하다. 이들마저 몇 시간 거리밖에 안되기는 하지만 말을 타거나 우마차 신세를 진다 해도 무척 불편하고 고된 서울길을 감수하지 않으면 안 되었다.

중국이나 일본 여행을 하다 제물포항에 들어오게 되는 여행자들이 더러 있다. 하지만 이들 또한 하루 종일 여로에 시달리면서 배를 타고 와서 예정에 없던 서울 관광을 그저 대략 마치고 돌아가는 자도 적지 않았다. 또 다른 종류의 여행자들은 서울을 포함한 이 나라를 자세히 찾아보고 구경할 생각이 아예 없어서 그저 허술한 항구 해변가에서만 잠시 내려 주변이나 훑어보고 이 곳에서 받은 인상을 자기 나라에 들어가서, 한국 전체의 참된 모습인 양 경솔하게 보노를 하기노 한다.

유럽 여행자들은 한결같이 조선을 수수께끼 같은 나라, 신기하고 이상한 나라로 알렸고 이 나라를 '아침의 고요함'에 비하면서 (사실 조선이란 뜻은 신선한 아침의 나라이다.) 각자 나름대로 해석하고 겉으로만 본 체험담을 사

▲ 덕수궁과 담 하나 사이를 두고 있는 영국 대사관

▼ 대가의 행랑채

실인 양 유럽에 떠들썩하게 알렸다.

서울에 외부 사람들의 왕래가 어느 정도 빈번해진 것은 항구도시 제물포와 해변가로부터 42킬로미터 떨어져 있는 서울 사이에 철도가 개통된 뒤부터이다. 즉 배로 여행을 다니던 여객 중 대부분은 자기들이 타고 온 선박들이 어느 항구에 도착해서 싣고 온 짐을 부리는 동안 비록 짧은 몇 시간이나마 호기심을 불러일으키는 서울을 구경하고자 배에서 내리자마자 동시에 기차를 이용하여 방문하는 경우가 많아졌다.

가장 아름다운 군주국의 하나

서울의 위치와 주위는 아주 눈에 띄게 독특하다. 사방에 뾰족하고 높고 거센 산들이 인가가 늘어선 곳까지 뻗어 내려오면서 빙 둘러싸고 있는 것이 서울의 모습이다. 이런 전망을 가진 서울은 이 세상에서 우리가 가장 아름답다고 들고 있는 군주국 도시 명단에 첨가해야 할 충분한 조건을 갖추고 있다.

서울을 페르시아 수도 테헤란(Teheran)과 오스트리아의 잘츠부르크(Salzburg)와 비교해보면 이 도시들은 비슷한 점이 많다. 하지만 서울에는 대주교 관할도시인 잘츠부르크처럼 웅장하고 엄숙하게 우뚝 솟은 기사의 성이 없고, 테헤란과 견주어보아도 그 곳에 있는 훌륭하고 위엄스런 데마웬트와 같은 선물이 없다.

거대하고 거센 북악산 산봉우리들과 남산의 매력에다, 또 제아무리 온갖 재주를 다 부려 서울을 장식한다 해도 이 두 도시들이 보여주는 매력과 깊은 인상에 견줄 수는 없을 것 같다. 약 3백미터 높이로 솟아 있는 남산에 올라가서 서울을 내려다보면 상상할 수 없었던 광경이 눈앞에 펼쳐진다. 촘촘이 붙어 쭉 늘어선 주택들이 끝도 없이 넓은 주택 바다를 만들고 있다는 인상을 갖게 되고 다른 쪽에 들어선 인가는 또 빙 둘러 싸인 산 사이사이를 돌며 박차고 옆 골짜기로 빠져흘러나가는 듯 번져 흩어져 있는 것이 보이는데, 이는 마치 큰 호수에 고였던 물줄기가 터진 둑을 넘어 흘러나가는 듯한 광경이었다.

서울 도성에 있는 집들은 한 칸 정도의 크기에 대부분 지붕이 낮고 흙으로 벽을 쌓았으며 나무기둥에 지붕은 짚이나 갈대, 아니면 기와로 덮었다. 이렇게 볏짚단으로 쌓아올린 초가지붕들이 − 물론 조금 더 튼튼하고 질긴 기와지붕도 마찬가지지만− 회색과 푸른색으로 조화를 이루면서 서로 뒤섞여 늘어서 있어서 빛깔의 몽롱함 속에 분간하기 힘들고 보는 사람들의 눈에 색깔 착란을 주기 때문에 그 많은 집이 마치 한 집처럼 보이기도 하고 또 한편으로는 아주 단조롭다는 인상까지 준다. 관광객의 주목을 끄는 것은 회색의 초가지붕이 주변의 자연에서 찾을 수 있는 황토색과 어울려 참으로 이색적인 조화를 이루고 있다는 점이다.

조선에서는 집을 지으려면 아주 엄한 규정에 따라야 한다. 조선인의 전래 신앙인 무속신앙[74]도 그렇지만 그보다도 수천 년을 거쳐 내려오는 전통관념과 관습제도가 조선인의 넋에 푹 젖어들어 있기 때문에 집을 짓는 데 행하는 규정과 의식은 온갖 정성을 다 들여 실행하게 만든다. 이러한 엄격한 규정에 따라 한 치도 틀리지 않는 집을 짓는다. 도시계획을 세우는 데도 완고하고 엄한 규제로 거리

---

74) 원문: '미신신앙'이라 함.

▲ 2단 정자관을 쓴 훈장

▼ 고관 가족의 기념 촬영

풍경을 철저히 단속하는 유교사상을 고수하는데 그 고집
을 당해낼 수 없을 정도이다. 아주 엄한 규범 속에서도 섬
세하고 자연스럽게 의식을 처리해내는 능력을 가진 조선
의 민족성이 엿보이는 듯하다. 앞에서도 서술한 바 있지만
조선 왕이 거처하는 서울은 다른 나라의 수도에 비해서 아
주 보잘 것 없는 건축문화를 가졌다.

신을 모시는 '신전'이 없는 서울 풍경

나를 포함해서 이제까지 서울을 찾았던 유럽 사람들이

그린 서울의 모습이 여기에 있다.

시내 한복판으로 걸어들어가면 여기저기에 드문드문 날아갈 듯 올려진 지붕을 가진 몇 채의 높은 건물이 땅바닥에 엎드린 듯 납작한 민가 지붕과 대조를 이루면서 불쑥 솟아 오른 것을 보게 된다. 이 몇몇 높은 지붕들은 다름 아닌 중국 건축양식의 영향을 받고 지어진 왕궁의 지붕들이다. 자세히 관찰해보면 이 나라 건물은 중국 건축양식에 영향을 받은 다른 아시아 나라의 건물과 비교해 보아서 전혀 손색이 없을 뿐 아니라 특이한 기교까지 곁들여 보이고

▲ 독일어 학교(1898년 설립) 학생들, 1900년 현재 학생 80명

▼ 일본어 학교(1891년 설립) 학생들, 1900년 현재 학생 60명

있다.

　지붕은 기왓장을 꼬리를 끌며 지나는 궁자(弓字)형으로 차곡차곡 덮어 얹어가면서 불쑥불쑥 튀어나와 보이도록 하였다. 이러한 양식은 조선에서만 볼 수 있으며 일반적인 아시아 건축수준 (중국 건축술을 기준으로)에서 측정하는 그러한 건축양식의 관념에서 벗어나는 능란한 솜씨로 지어진 독창적인 것이다.

　한두 개의 특이한 건물 외에 서울에는 눈에 띄는 공공건물이라고 할 만한 큰 건물이 없다. 내각에 속하는 관청이나, 고위관직에 있는 사람들의 주택이라고 할 수 있는 건물은 서양의 어느 한 큰 농가와 비슷하고, 중국 청조의 고관들인 ' 만다린 '75)의 관아와 흡사하다. 고관들의 자택은 넓이는 용도에 따라서 제한 없이 늘릴 수 있지만, 지붕의 높이는 다른 집들의 지붕 높이를 넘어서는 안 된다. 같은 높이에 일관된 건축양식을 고수함으로써 예의를 지키는 것이 옳은 자세라고 여기고 있는 듯하다. 이는 다른 어느 나라에서도 찾아볼 수 없는 한 마음 한 민족임을 자부하는 듯이 보인다.

조선 사람의 신앙심

공공기관 건물이 눈에 띄지 않는 것쯤은 이해해두자. 그러나 한 나라의 수도라는 곳에 다른 아시아에서는 일반적으로 찾기 쉬운 신전이 없는 것은 너무도 기이하고 놀랍기만 하다. 수많은 사람들이 모여 살고, 왕궁과, 육조관청이 있는 수도 서울에 개개인은 하나의 신앙을 가지고 신을 받든다고는 하지만, '신전'이 보이지 않는 것은 도무지 이해할 수 없다.

아시아 다른 왕국에서는 보편적으로 지배자들의 궁전을 거창하게 짓는 한편, 또 그 건물에 못지않게 웅장한 신전을 지어서 그네들의 열성적인 믿음을 나타내고 있다. 이 웅장한 신전들은 어디서고 금세 눈에 띌 뿐 아니라 문화재 역할을 하며 국민의 단합을 조성하는 데 적격이다.

서울에는 왕궁들이 들어서 있는 한복판에 단 하나의 '신전'이 있는데 이 건물의 지붕이 높이 돋보였다. 이 '신전'은 중국의 수도 베이징에 있는 원구단[76]의 모양을 그대로 본따서 지었으며, 천제의 뜻을 받드는 곳으로 천단은 아홉 계단을 올라가게 되어 있다. 계단수나 층수, 넓이와 높이, 그리고 계단에 낀 디딤돌, 모두가 3과 3의 배수로 되어 있다고 하는데 이는 중국의 구천사상을 따르려는 것이었을까?

---

75) 각 지역의 최고 직위자.
76) 중국 천자가 하늘에 제사를 지내는 신전.

조선 국왕이 많은 어려움을 극복하면서 중국 건축양식
으로 정교하게 건립한 이 '원구단'[77]은 당시 서울에 머물
고 있던 대국 사신들의 요청에 응답하는 조처였다. 그 당
시에는 정치적으로나 문화적으로 중국의 발언이 조선 정
세에 영향을 끼쳤던 때라 중국사신들의 호감을 사기 위해
소국(小國)의 왕은 그들의 요청이나 조언을 함부로 무시
하지 못 하고 오히려 따라야 할 입장이었다.

가장 신성한 왕족만을 위해서 지어진 이 '사원'은 지붕
이 우아하고 시원스럽게 위로 올려진 둥근 형의 몸체에,
빙 둘러가면서 기교 있는 솜씨로 매끄럽게 깎아진 난간이
있어서 검소한 모습이긴 하지만 사원다운 운치를 보인다.

---

77) 고종이 황제로 등극하면서 소공동에 지었음. 현재 조선호텔 뒤편에 각
정이 남았음.

백성들에게는 이 성스러운 지역 출입이 엄중히 금지되어 있으나 이러한 금지령에도 불구하고 노하거나 불평하는 태도도 없이 무관심한 듯, 아주 순박하고 겸허하기만 하다.

조선 사람들에게는 신앙이 없다고 해도 과언이 아니다. 사실상 종교를 갖고 있지 않다고 하는 게 옳겠다. 현존하는 서너 개의 신앙의식이 있는데 그에 대한 사람들의 태도에 대해 어떤 유럽 사람이 적절하고도 익살맞게 예를 들었다. 조선 사람은 세상에 태어나면서부터 이미 유교 신봉자가 되고, 동시에 부모 봉양과 조상의 제사를 지낼 의무를 부여받게 된다. 살아가면서는 이 땅에 수천 년 동안 전해 내려오는 민속 무속신앙을 받아들여 혼령, 나무, 바위 등 수천의 다른 신령들에게 복을 빈다.

종교에 대한 관용도 아닌 듯 하면서, 신앙의 선택에 관심이 없어서인지 종교를 고르는데 별로 큰 비중을 두지 않는, 비합리적인 한민족의 정신 상태는 합리적으로만 이해하고 판단하려는 서구인들의 두뇌로는 도저히 이해하기 어려운 점이 있다.

좋다고 하는 것은 다 신봉하는 조선사람

신앙에 대해서 아주 무관심해 보이는 조선인은 어떤 한 일정한 종교에만 매달리지 않고 종교의 자유를 누린다. 무속신앙이나 자연의 힘에도 의지하고, 유교사상을 따르다가도, 부처의 가르침도 받는 등 별 거리낌없이 좋다고 생각되는 것은 다 신봉하는 듯하다.

뱃속에서 이미 유교사상을 배우고, 세상에 태어나 성인이 될 때까지 부모의 보호를 받으면서 자라지만 성인이 되

면 늙은 부모를 봉양한다. 사후에는 장례식을 지내고, 조
상들의 제사와 성묘까지 책임을 져야 하는 규범을 익혀야
된다.

　조선 사람은 살아가면서, 믿건 안 믿건 간에 전통적인
무속신앙을 배경으로 공공연하게 주위 사람과 함께 신앙
생활을 한다. 무속신앙을 간단히 설명하면, 무당을 통해
서 귀신을 쫓고 유령과 자연(태양, 별, 달, 나무, 바위들의
신령에게 빈다)을 숭배하며 귀신에게 치성드려 병이나 불
행을 가져오는 악귀를 미리 방지하고, 집안의 평화와 자식
의 행운을 위해서 신령들에게 제사를 드리면서 도움을 청
하는 것을 말한다. 백성의 마음에 굳건히 자리잡은 무속신
앙이 쉽사리 버려질 리가 없다. 평상시에는 그다지 열심히
믿지 않던 사람도 죽음이 임박하면 비로소 불교에 접근하
면서 석가의 도움을 바란다. 임종시에는 석가의 가르침인
'윤회사상'을 심각하게 받아들이면서 영혼의 구원을 받
고자 불교에 매달리는 것이다. 이러한 현상은 서민층에서
만 찾아볼 수 있는 것이 아니고, 엄격한 유교사상에 젖은
식자층에도 집안에서 죽는 이가 생기면 불교승을 찾아 장
례의식을 위탁하고 제물도 바치며 염불을 한다. '익살맞
은 표현'대로, 조선 사람은 뱃속에 무속신앙을 가지고 있
고 가슴에는 불교를 지니고 일정한 방향도 없이 분별 없는
신앙 생활을 한다. 이러한 조선인의 신앙세계는 선교사들
이 신교 활동을 할 수 있는 좋은 기회를 제공한다.

　서양 선교사들은 뛰어난 의술과 기적을 낸다는 양약 등
을 미끼로 백성들의 관심과 주목을 끌며 기독교 전도 사업
의 부흥을 꾀하고 있지만 이들을 기독교인으로 개종시킨
다는 것은 결코 쉬운 일이 아니다. 오랜 세월을 고수해온

신앙이 하룻밤 사이에 바뀔 수 없기 때문이다.

유럽이나 아메리카에서는 교회가 하나 세워지면 모른 척하고 지낼 수 없는 교인들은 찬조금을 냄으로써 간접적으로나마 후원을 하는 게 당연하지만 이 나라에서 그런 생각을 한다는 것은 상상할 수도 없다. 교회에 대한 관심도 없고, 교회가 눈앞에 보여도 찾아오는 사람이 없어서 교회는 텅 비고 먼지가 쌓여 있으니 머지않아 교회 건물은 폐허가 되리라 본다.

감정에 치우친 신앙의식을 행하는 조선인은 얼른 보아서는, 남태평양 섬나라의 소박한 자연인같은 태도를 취하거나, 아프리카 원주민들처럼 초인간적인 자연력과 자연세력에 의지하고 신봉하는 것처럼 보이지만 그렇게 야만적인 의식을 올리지는 않는다.

불행에 처하면 바람신에게 물을 떠놓고 빌고 비, 태양, 달, 지신(地神)의 도움을 간청하는 예식에 임한다. 신령에게는 부적이나 향을 제물로 바치고 낡은 신발이나 찢어진 옷자락을 동여 매어놓고서는 신령이 그들을 지켜줄 것을 믿어 의심하지 않는다.

서울에서 우리는 또 다른 놀랍고도 희한한 광경을 볼 수 있었다. 이 곳 거대한 서울 도성 안에는 잿빛과 황색의 낮은 초가지붕과 기와지붕 사이에 주민들이 식량을 보관하는 장독대가 높이 받쳐 있는데 그 장독대 위로 전선줄이 매달려 사방으로 엇갈리고 있다. 이 대조적인 모습은 마치 다른 세계에서 온 한 여장부(Heroide)가 어린이들처럼 순박하게 '미신'을 신봉하고 아직도 미개국의 모습에서 벗어나지 못하고 있는 조선과의 전쟁에서 이겨서 개선장군이 되어 돌아오면서, 전리품 대신 막 발명된 전기 기술의 출두를 알리는 듯한 기묘한 인상을 준다.

전통과 새 문물이 공존하는 도시

혼잡한 도시, 그런데도 새 것과 낡은 것이 잘 어울려 있는 이 곳 서울은 대도시의 복잡한 교통문제의 해결책으로 서양의 발명품인 '전기'를 기꺼이 받아들였다. 조선이 당시 다른 동방국가 수도들보다 훨씬 앞서 현대 기술에 관심을 갖고 망설임 없이 받아들였다는 것은 사실상 혁신이다.

▲ 전차궤도가 설치된 뒤의 남대문로(1900년 후반)

이 나라에 전기 기술이 들어오기 몇 년 전에 아프가니스탄 왕국 카불에서는 국왕의 피서궁으로 연결하는 단순한 전동차를 시설했고 네팔 국왕 또한 80년경에 수도 카트만두에 있는 궁전에 이미 전등을 설치했다. 그러나 대국인 중국 베이징이나 도쿄, 방콕, 상하이 등 대도시는 조선의 수도 서울이 가지고 있는 전신, 전화, 전동차며 전기시설이 전혀 없다.

서구와 중국 사이에 통상 협정이 체결된 지 상당한 시일이 지난 지금에도 문명인이라고 자처하는 유럽인들조차 중국과 뻔질나게 교역을 하면서도 전래적인 운수 방법인 인력거를 타고 관광을 해야 하는데, 아직도 잠에서 깨어나지 않은 줄로 여겼던 이 고요한 아침의 나라 국민은 서구 신발명품을 거침없이 받아들여 서울 시내 초가집 사이를 누비며 바람처럼 빨리 달리는 전동차를 타고 여기 저기 구경을 할 수 있다니 어찌 놀랍고 부끄럽지 않으랴!

밤에는 환한 궁자(弓字)형의 가로등이 아프리카의 가옥을 연상케 하는 서울의 집 지붕을 비춘다.

남산에 올라가서 서울시를 내려다보면 도성 안의 전망을 흐리게 하는 것이 꼭 전기시설 때문만이 아닌 것을 알게 된다. 얼핏 보아서는 눈에 띄지 않는 이 나라의 전통 가옥들 사이에 여기저기 불쑥 솟은 외국인의 서양식 벽돌 건물이 크기와 웅장함을 내세워 위세를 부리면서, 평화스런 서울 시내 전경과 조화를 이루지 못 하고 있다. 이 현상 또한 새 시대가 시작되었음을 알리는 것이다.

거대한 서양식으로 지어진 일본, 러시아, 프랑스 외교공관과 몇 백 명의 기독교인을 위해서 많은 비용을 들여 지은 천주교와 장로교회 건물을 보면 누구라도 이 관습만

고집하는 조선의 전통사회에 이색적인 변천이 서서히 일
고 있음을 의식하게 될 것이다.

주한 공관들은 건물로 자국의 위세 과시

특이한 현상은 서울에 정주하는 외국 공관은 그 건물 크
기와 외형에서부터 벌써 그 나라의 영향력과 의도 또는 그
민족의 자부심을 짐작할 수 있다는 점이다. 일본, 러시아
와 프랑스 영사관이, 교회 건물 중에서는 프랑스 천주교
선교사들이 지은 성당과 미국 장로교 신도들의 예배당이
제일 먼저 눈에 띈다.

사실상 이 나라에서 가장 큰 세력을 행사하고 있는 나라
는 일본, 러시아와 미국이다. 일본 공관은 아주 아름다운
언덕 위에 멋들어지게 자리잡고 있으며, 하얀 바탕에 빨간
해가 그려진 일장기를 펄럭이면서 이 곳이 마치 자기네 나
라인 양 행세하고 있다. 이 건물은 거대하기만 할 뿐 아니
라 지배자의 위세를 과시하기에 충분하다. 그뿐인가, 일
본군 병사에 학교, 병원, 그리고 또 바로 얼마 전에 새로 세
운 이층 건물 우정국에서도 일장기는 자랑스럽게 나부낀
다. 일본의 우정국 설립은 한국 조정의 약점과 무능력을
내포하는 내정간섭으로 간주되어 한국인과 일본인 사이
의 감정을 고조시키는 발단이 되었다.

일본이 이 나라에서 외교 외의 사회활동, 즉 은행, 학교,
병원을 설립하고 상가와 주택을 넓힐 때마다 서구의 강대
국도 자기 나라 특유의 공관 건물을 지으면서 민감한 반응
을 보였다. 러시아와 프랑스는 자국 외교관들에게 대궐같
이 화려한 건물을 지어줌으로써 다른 나라들의 외교관들

이 어깨를 움츠리고 얼굴을 들지 못하게 만들었다. 서울 안에 제 아무리 훌륭하게, 자국의 세력을 상징적으로 과시하기 위해 지어놓은 건물이라 하더라도, 저 멀리 서쪽 언덕 위에 자리잡고 내려다보고 있는 러시아와 프랑스의 호화로운 공관이 풍기는 인상 깊은 매력을 따를 수는 없다.

이 두 나라는 조선과의 경제 교류에는 별 관심이 없다. 러시아는 이 방면에 아직까지 전혀 관여하지 않았고 프랑스는 요즘 들어서 조선의 철도 사업에 투자를 하면서부터 조선인과 상거래를 시작했다. 두 나라의 관심사는 조선에 정치적인 영향력을 발휘하는 데 있었고, 새로 건축한 두 공관의 위력이 헛되지 않았는지 조선 조정은 지금 러시아와 프랑스의 보호 아래 들어온 듯이 보였다. 그외 다른 나라들은 정치 참견에는 기회를 놓친 듯했고 막강한 경제력을 가지고 17년 동안이나 비상한 관심으로 서울에 외교 사절을 두고 있는 미국까지도 이 나라의 정치에 별 큰 영향력을 미치지 못 하고 있다.

유럽의 여러 수도에 있는 미국이나 영국 대사관의 건물은 너무 볼품이 없어 항상 다른 나라 외교관들의 조롱거리가 된다고 한다. 미국은 자국의 대표자인 외교관들에게 항상 어처구니없게 나쁜 경제적 대우를 하면서 신분과 직위에 알맞지 않는 주거지를 마련하도록 강요하는 예가 더러 있다.

그런데도 서울에 있는 미국 공관의 경우는 예외로 양호한 편인데 한옥인 이 건물은 비록 협소할망정 독채를 사용할 수 있기 때문이다.

독일 영사관저 역시 자그마한 한옥이다. 구태여 외부적인 건물의 크기와 웅장함을 비교해본다면, 이 작은 주택은

'제비꽃'이 거만한 백합과 장미가 의기양양하게 머리를
쳐들 때 남의 눈에 띄지 않게 꽃을 피우면서 겸허한 태도
로 조용히 머리를 수그린 모양세다. 왜 독일 정부가 자국
의 대리자를 이처럼 인색하게 다루며 수모를 겪게 하는지
하느님이나 아실까? 다른 강대국은 대한제국 황제의 조정
에 고위층 대사나 혹은 공사를 국가대표로 보내는데 독일
만은 영사 한 사람을 보내어 공공행사나 예식 때는 맨 뒷
자리를 면치 못하게 한다. 따라서 조선 사람은 독일이 몬
테네그로나 룩셈부르크만큼이나 작고 약한 나라라고 여
긴다. 영토가 작은 벨기에까지도 이 나라에 외교 사절을
보내자 미국은 이제까지 공사나 총영사 직위를 즉시 대사
로 승진시켰다. 이에 영국, 러시아, 프랑스 역시 재빠르게
역시 계급을 올려주는 등 미국의 뒤를 따랐다.

▲ 영국공사관

▼ 러시아공사관

▲ 1905년 당시의 주한 각국 공사들 오른쪽 두번째부터 폰 사르테르 독일공사, 코린데 브란시 프랑스공사, 알렌 미국공사, 주(周)청국공사, 조르텐 영국공사, 빈칸르트 벨지움 공사 등(미국 공사관에서 찍은 기념사진)

▼ 독일공사관

그러나 우리 독일만은 아직까지도 직위가 낮은 영사 혼자서 통역자도 없이 외교 업무를 총괄 하고 있다.

지금껏 조선의 실정을 빈곤과 희망이 없는 부정적인 상황으로 혹평한 것은, 서쪽 언덕받이 남산 위에서 황량하고 벌거벗은 암벽산 고지에 자리잡은 서울 성안 모습을 너무 경솔하게 속단한 결과인 것 같다. 톱니처럼 날카로운 화강암 산의 꼭대기에는 나무라고는 한 그루도 찾아볼 수 없다. 거친 풍화작용으로 인해 벌거벗은 산봉우리가 그래서 더욱 날카롭게 깎인 듯 보인다. 거칠고 위협적인 기세로 골짜기를 내려다보는 웅장한 '거인' 산 아래 나즈막한 서울 시내 전경이 펼쳐진다.

관광객 압도하는 화강암 산봉우리들

우리 관광객을 매혹하는 조선의 맑고 신선한 바람이 부는 화창한 날에는 이 날카로운 화강암 산봉우리가 실제보다 훨씬 더 높아 보이고 산등성이의 경사는 더 곧은 수평선을 그린다. 황량하고 삭막해 보이는 서울의 첫모습은 한강과 넓은 녹지대를 찾은 후에도 바로 바뀌지는 않는다. 이 모습은 오히려 어딘지 관광객의 심정을 짓누르고 의기소침하게 한다.

누군가 이런 첫인상을 이 나라 모습 전체인 양, 나라 전체를 채벌로 벌거숭이가 되어 비옥하지 못한 땅으로 혹평한다면 경솔한 태도라고 하겠다.

이 나라의 역사 발전단계를 보면 서울과 그 주위의 모습은 오히려 예외에 속한다는 것을 곧 이해할 수 있다.

현(現) 조선왕조는 1394년부터 서울에 도읍을 정했지만 그 전 수백 넌 동안은 서울에서 북서쪽으로 약 50킬로

미터 떨어진 개성이라 불리는 송도가 서울이었다. 지금 이 곳에는 관직에 임명되어 상경한 많은 사람들이 좁은 지역에서 서울 토박이들과 용케도 함께 살고 있다.

이 나라 여러 곳에는 석탄이 많이 묻혀 있는데 이 지하자원을 계획성 있게 채굴해서 연료로 사용하는 게 아니라 서울과 개성인근에서 나무를 벌목해서 수만 명의 서울 사람이 일년 내내 필요로 하는 연료로 썼다. 수백년간 벌목만 했지 식목을 하지 않은 결과가 바로 이 벌거숭이 산이다. 이제 와서 여기에 대해서 놀랄 것이 무엇인가? 함경도와 강원도의 긴 산맥을 이루는 수려한 숲을 보면, 과히 어렵지 않게 옛날에는 무성한 산들이 많았을 것이라고 추측할 수 있다.

조선의 겨울 날씨는 매우 춥기 때문에 난방을 위한 연료가 무척 많이 필요하다. 뿐만 아니라 아주 더운 여름 날씨에도 불을 때는 특이한 습관을 지녔기 때문에 더욱더 벌목이 심하다.

조선 사람이 얼마나 생각 없이 나무를 낭비하는지를 보지 않은 사람은 상상하기가 힘들다.

말로 다 표현할 수 없이 아름답고 무성하게 자란 오래된 소나무숲들, 고개를 돌리는 곳마다 녹색으로 우거진 산림이 아직도 꽤 남았지만 북동쪽에 있는 함경도 지방의 원시림이 주민들의 경솔한 벌목으로 줄어드는 것을 목격할 때마다 이 민족이 언젠가는 받게 될 대가가 두렵기만 하다. 주민들이 아무런 생각 없이 한 그루 한 그루 나무를 베어와서는 방을 덥히기 위해서 동강동강 잘라 아궁이에 넣고 불을 피우는 솜씨를 보고 있노라면 놀라지 않을 수 없다. 겨울철에 따뜻한 방에서 아늑하게 몸을 녹일 수 있는, 이처럼 뛰어난 난방기술을 가진 민족은 동아시아 지역에서 단 조선인뿐이다.

산은 벌거숭이인데도 온돌방 자랑

중국인들은 실내 벽 한쪽 구석에 파이프형 난로를 두고 자면서도 짚으로 불을 지피기 때문에 화재도 자주 나고 또 독한 내음으로 인해 매일같이 실명이나 질식의 위험 속에서 생활해야 한다.

일본은 한국이나 중국 같은 난방장치를 모르고 산다. 그저 방안에 작은 화로를 놓고 언 손을 덥히는 정도지 방을 덥힐 수 있는 역할은 못하는 극히 불완전한 난방장치다.

추운 겨울에 따끈하고 훈훈한 온돌방에서 지낼 수 있는 조선인들은 자기들의 우수한 난방장치 기술에 긍지를 갖고 떳떳이 자랑할 만하다. 다만 이러한 긍지를 한여름 더운 날에도 방에 불을 때서 보여야만 하는지! 그늘에서 온도를 재어 30도 가량 나가는 더운 날씨에도 해가 질 무렵이 되면 마을 사람들이 방에 불을 지피기 위해서 소나무 장작을 열심히 준비하는 모습을 보고 있노라면 더욱 이상한 느낌이 든다. 기온이 뚝 떨어지는 밤에 대비하는 것이라고는 하지만 계속 이처럼 절도 없이 '병적인 듯한 난방 광기'로 벌목만 하고 식목을 하지 않는다면 오늘날 중국이 수백 년간 저질러온 벌목의 대가로 받는 피해를 조선 역시 감당해야 할 것이다.

어딘지 모르게 두렵고 짓눌리는 듯한 두려움을 주는 서울 성 밖의 인상은 성안에 들어서면서 한없이 넓고 탁 트인 느낌으로 바뀐다. 우선 거대한 성곽으로 빙 둘러싸여 있는 성안이 비좁게 보이고 대규모의 장소를 낭비하고 있

▲ 난방과 취사에 유일한 연료였던 땔감

는 듯한 인상을 주기는 하지만 바로 이 점이 서울의 특징
이라고 할 수 있다. 커다란 사각형 상자같이 보이는 서울
모습, 그 안에 나즈막한 초가지붕의 오두막과 기와지붕을
얹은 주택들이 서로 엇갈려 꽉 차 있고, 멀리 그 뒤로는 중
국의 만리장성을 본딴 성벽이 곡선을 그리면서 빙 둘러싸
고 있는데, 조선의 '축소판' 성벽은 건축술이나 기교 어느
면에서도 중국에 못지않다. 산등성이를 타고 올라갔다가
산골짜기로 다시 내려오면서 불규칙적인 곡선을 그리며
평지까지 이어지고 있지만, 인가로부터 아주 멀리 떨어
져 있어서 때로는 이 성벽이 왜 있는지조차도 잊혀지는

듯하다.

서울의 대로는 폭이 넓고 길다. 중국 베이징에도 북에서 남으로 많은 주택이 늘어서 있는 제왕로(帝王路)라고 불리는 큰 거리가 있지만 서울 대로에 비해서 좁은 편이라고 한다.

베이징의 거리는 난잡하게 흩어져 있는 온갖 잡화상점이 길을 좁히고 번잡하게 만들지만 서울 거리는 지금은 거리 양편에 늘어선 노점을 철거한 까닭에 어느 정도 넓어진 셈이다.

양쪽 길에 아주 나즈막하고 똑같이 생긴 초가집들이 납작 엎드린 채 늘어서 있어서 서울 대로는 훨씬 넓다는 인상을 준다. 어쩌면 대로라기보다는 차라리 아무런 도시계획 없이 마구 확장시켜놓은 광장이라고 표현하는 게 낫겠다.

대로 양쪽의 전경을 보면, 주민의 가옥은 아주 작고, 방의 크기 역시 인형의 집만 하다. 집 대문 역시 얼마나 낮은지 허리를 굽히고 들어가야 하고, 방안에서도 앉은 채로 구부리고 있어야 하며 가구가 없는 방안에서도 사지를 시원스레 쭉 펼 수도 없으니 그 크기를 가히 상상할 수 있겠다. 이렇게 좁은 난장이 방에 장식이라고는 아름답고 정교하게 짜인 초석과 기름에 절인 종이장판밖에 없다. 이 기름종이는 우비, 모자, 장판, 담배쌈지, 그외에 필요한 물일상용품을 만드는 데 쓸모가 많다.

조랑말과 가마를 이용하는 교통수단

조선 사람은 외출을 할 때 주로 비좁은 사각형 가마나 조랑말을 탄다. 이 가마라는 것은 어찌나 작은지 조선인보다 몸집이 작은 중국인이나 일본인들도 이 비좁은 사각상자(가마) 속에 들어가 앉기가 어렵겠다.

자동차라는 것은 이 나라에 아직 없다. 다만 얼마 전부터 개항된 항구 주변에 외국인들이 가지고 들어온 듯한 손수레나 소형 차가 간혹 보일 뿐이다. 인파로 번잡한 서울 거리에 몸집이 큰 황소가 수레를 끌면서 짐을 나르는 광경도 풍물 중의 하나이다. 더욱 놀랄 만한 사실은 조그마한 어린애들이 짐을 나르는 것이다. 유럽에서 포도 수확 때 사용하는 광주리와 비슷하게 생긴 세 발 달린 나무지게를 사용하는데, 이 지게 뒤에는 헝겊끈을 매어 어깨에 멜 수 있게 했다. 이것은 사람이 어깨 근육을 이용해서 힘을 덜

▲ 조랑말을 타고 외출하는 귀공자와 마부

들이고 수월하게 운반할 수 있게 만든 것으로 이 또한 조
선인의 탁월한 발명품이라 하고 싶다. 다만 10세도 채 안
되어 보이는 사내아이들이 자기 몸체보다 배는 더 크고 무
거운 짐덩어리를 지게에 지고 운반하는 모습을 보는 것은
그리 달갑지 않았다.

복잡하고 소란스러운 대로에서 무엇보다도 우리의 주
목을 끄는 것은 사람들인데 머리에서부터 발끝까지 하얗
게 옷을 입은 모습은 이색적일 수밖에 없다.

전기선과 전봇대는 이미 눈에 익숙해져서 별로 호기심
을 보이는 사람이 없지만, 내국인에게는 멀리 태평양을 건
너와 짧은 시간이나마 내국인들 사이에 끼여 거리를 활보
하는 몇 명의 여행자 모습이 더욱 이색적인 구경거리이다.
하지만 이런 구경거리마저 자주 있는 게 아니다.

서울에 머무르는 외국인 수는 극히 적다. 소수의 외교관
과 외교대리 외에 몇 선교사들이 전부인데 선교사들은 교
회 일을 맡아보기 때문에 주로 서울에 거주하면서 중요한
역할을 한다.

서울 시내의 꼬불꼬불한 골목길을 며칠을 헤매도 인력
거를 타고 거리를 달리는 외국인 관광객을 만나보기는 힘
들 것이다. 사람이 끄는 인력거는 조선에 들어온 지 얼마
되지 않은 새로운 것이지만 외국인 관광객의 입장에서는
중국, 일본에서 일반화된 이 교통수단을 이용하는데 그리
민망한 감정을 느끼지 않아도 될 만큼 익숙해져 있다.

조선 남자들이 외출할 때 물결이 출렁이듯 팔랑거리는
흰 두루마기에 말총으로 만든 우스꽝스러운 넓은 테를 가
진 모자(갓)을 쓰고 거리를 활개치며 걸어다니는 모습은
유럽 사람에게는 참으로 신기하게 보인다.

시골보다는 서울에서 더 많이 보이는 여인들의 외출할
때 모습은 더욱 이색적이다. 외출을 한다는 것 자체가 위
험이 따른다고 생각하는 모양인지 문 밖을 나설 때는 꼭
동방 마호메트 여인들처럼 몸과 얼굴을 가리고 다닌다. 머
리 위까지 녹색 (장)옷을 뒤집어쓴 모습은 마치 몸체가 보
이지 않게 요술 수건을 쓴 유령이 돌아다니는 듯하다. 이
렇게 몸을 칭칭 감싸면서까지 여성의 미덕을 보존하겠다
는 가냘픈 조선 여인의 태도는 모슬렘이나 터키 여인들에
게서는 찾아볼 수 없는 점이다. 이렇게 몸과 얼굴을 싸서
감춘 차림새에도 불구하고 거북스럽고 불필요한 의상을
조롱이나 하듯이 유방은 내놓고 다닌다.

"전통의 고집이 발전을 저해"

서울 시내의 전경은 예나 지금이나 수백 년 세월이 흘렀
어도 변함이 없다. 이러한 꾸밈 없는 소박성에 우리 여행
자들은 감탄한다. 유럽인들은 정치나 문화면에서 낡은 것
을 버리지도, 새 문명을 받아들이지도 않는 중국에 혹평을
가하지만, 이 나라 조선에 비하면 중국은 여러 면에서 혁
신적이다. 1683년 청나라는 중국인들을 강제로 머리를
땋게 하고 만주식 의복을 입게 했다. 그때의 중국 복식을
아직까지도 착용하면서 완고 부동한 자세에 머물러 있는
조선에서 유럽에 알려진 17세기의 중국과 중국의 민족상
을 찾을 수 있다.

평민들은 국내 어디서고 볼 수 있는 전통적인 옷을 입고
있다. 최북쪽 지역 함경도에 있는 오랜 역사를 자랑하는
석왕사에는 유물이 많이 보관되어 있는데 그중에는 5 백
년 전에 조선왕조를 일으킨 태조대왕의 의복도 있다. 옷의

▲ 진흙탕에 빠진 외국 여행자의 차를 황소가 끌어내고 있다.

▼ 가마탄 마님

▲ 경부선 철도 공사 현장

▼ 한강 철교 공사 현장

▲ 독립문 자리에 있던 연은문

모양은 지금과 같으며, 그밖에 묘하게 생긴 창, 지팡이, 초롱불 등 이 모두가 지금 궁궐에서 사용하고 있는 것과 다를 것이 없다. 그뿐인가, 17세기 네델란드인 하멜의 소개와 한 마디도 달라진 것이 없는 옷 모습이다.

역사적인 면에서 본다면 새 시대에 접근한 지금까지도 이러한 상태를 고수하고 있음은 유감스럽다. 서양식 옷을 좋아하지 않는 이 나라 국민이 이웃나라 일본처럼 서구 문화를 받아들여 간편하게 짧은 치마와 바지를 입고, 머리를 깎고서 자국을 신속히 발전시키려면 아직도 한참은 걸리겠다.

몇 년 전 청일전쟁이 끝난 후의 일인데, 조선 왕이 조정의 고관들에게 머리를 깎고 양복을 입으라는 명령을 내렸더니 온 나라가 흥분의 도가니로 변했다. 마침 그때 유럽으로 떠나야 할 한 조선 외교관은 상투를 잘라야 한다는

데 큰 충격을 받고 홍콩에 머물면서 진퇴양난의 고민을 무척 했다고 한다. 외부대신들은 상투를 자르면 위엄이 손상될 것이라 믿었고, 그래서 어떤 태도를 취해야 할지 망설이고 있었다.

국왕이 앞서서 머리를 잘랐는데도 이 단발령 때문에 나라 안에서는 민란이 일어났을 정도였다. 피할 수 없는 시대 변천에 의한 서구화와 진보사상을 지지한다는 의향을 백성들에게 설득시키기란 쉽지 않았다. 단발을 한 국왕은 백성들에게 일본 사람처럼 보였고 일본인을 향한 적대감은 날로 더 거세어가기만 했다.

또 다른 날벼락 같은 어명(御命)은 긴 담뱃대를 자르라는 것이었다. 이 나라의 전례적인 담뱃대 길이는 적어도 50센티미터가 되어야 하는데 전하는 바에 의하면 담뱃대가 식으면 안되는데 원인이 있다고 한다. 이처럼 동화에서나 있을 수 있는 긴 담뱃대를 입에 물고 앉아 담뱃대가 식지 않게 하려면 아무런 일을 할 수 없는 게 너무도 당연한 이 조선 남자를, '시간이 돈'이라는 관념에 사로잡힌 유럽 사람이 이해하기는 좀 어렵다.

국왕과 개혁파는 어떻게 보면 운이 좋은 편이다. 사실 조선 사람의 본성은 배타적이 아니다. 오히려 타협적이며 순하고 친절하고 배우기를 좋아하는 부지런한 민족이다. 재치 있는 지도자들만 있다면 빠른 시일 안에 현대문명 국가의 수준에 오를 희망이 있는 국민이다. 국왕 자신도 외국인의 조언과 도움을 거리낌없이 받아들이려는 태도이다.

구식 군대 – 신식 군대

서울에 또 하나 이색적인 풍물이 있다. 우유부단한 세월을 보내며 지내온 서울 성안에 전통을 깨고 여지껏 볼 수 없었던 돌발적인 변화가 생겼는데 곧 군대의 개혁이다. 원수가 없는 나라는 적이 없는 것이 당연한데 갑자기 나라를 방어해야 하는 군대가 필요하다니! 조선에는 옛부터 징집을 했다는 기록이 어느 지방의 인구 조사에 나타나지만 상세하지 않고, 군복이나 또 무기의 종류에 대한 자세한 기록이 없다.

미국, 러시아, 일본인들로 구성된 교관들이 서로 번갈아가면서 신병들을 훈련시키고, 군복과 무기 분야에서는 프랑스와 일본을 본보기로 삼고 있지만 대한제국의 궁궐을 지키고 있는 호위병은 아직도 이 서구식 군률을 장난으로 받아들이고 있는 모습이다. 현재 서울에는 꼭 같은 군복을 입고 최신의 무기를 멘 서구식 부대로 아홉 연대가 있다.

전쟁이 없는 이 나라에 지금 9천 명이라는 병졸이 평화스런 서울 '대촌(大村)'에서 할 일 없이 돌아다니고 있는데도 이 모습을 보면서 흥분하는 사람은 한 명도 없다. 간혹 가다 조선 사람과 중국인 사이에 심한 싸움이 벌어졌다가도 끝나면 그만이고, 일본인과 내국인 사이에 빈번히 일어나는 불상사에도 역시 누구도 크게 관심을 보이지 않는다.

일본 사람처럼 양복을 입은 많은 병졸들은 그저 할 일 없이 거리를 서성거리기만 한다.

군대 역시 할 일이 없다. 지루한 시간을 메우기 위해서 무기를 닦거나 정리정돈으로 소일을 한다. 이 젊은이들은 항상 명랑하고 만족한 인상을 준다. 궁 앞에서 보초를 서면서도 웃고, 수십 번 총을 다루는 교련을 받으면서도 웃는다. 교련이 끝나면 집 기둥에 기대어 다음 식사 시간을 기다리면서 식탁에 오를 쌀밥과 김치를 생각한다. 김치는 식탁에 빠지면 안 되는 반찬인데, 입에 넣기만 하면 혓바닥에 불이 이는 것처럼 화끈하게 맵다. 헝가리, 이탈리아인이 제 아무리 맵게 먹는다 해도 한국 김치에는 당할 수가 없다.

조선의 신식 군복은 일본 군복을 모방했고 군모는 프랑스 군대의 테두리 없는 모자를 연상케 한다. 군복 상의는 짧고 몸에 착 달라붙게 만들었으며, 견장은 노란색으로 장식해서 '엄문(한글)' 한 그대로 연대소속을 붙였다. 검정색 바지 끝은 짧은 흰색 면포로 발목에서 장딴지 중간까지 미치는 각반 안으로 집어 넣었다.

조선인은 전체적으로 잘생긴 편이어서 이 서양식 군복은 일본군이 입은 것보다 더 잘 어울려 보이기는 하지만 군복을 손질하는 데는 훨씬 많은 어려움을 겪고 있다. 군복을 짓는 천의 질이 나쁘기 때문이다. 특히 엉덩이가 가장 먼저 해어지는데 이는 복무가 끝나고 쉬는 때에 이 나라의 습관대로 땅바닥에 쭈그리고 앉는 데서 온다고 한다.

군화도 가지각색이다. 유럽에서도 군인들이 고통을 참으면서 신고 다니는 이런 끔찍한 가죽 군화가 조선 군대에도 보급되었는데 이 군화를 신고 몇 차례 행진을 하고 나면 밑창이 떨어져나간다. 평생 짚신만 신었던 이 나라 젊은이들에게는 크나큰 육체적 고통이 하나 더 가해진 셈이다. 그래서 조선 군인들은 군무가 끝나면 날쌔게 짚신으로 바꿔 신는다.

눈에 띄는 게 또 있는데, 한국 군대의 머리 모양이 제각기라는 점이다. 서울 지방과 경기도, 함경도에서 모이는

▲ 정장차림의 구한국군(가운데가 장교)

신병들은 머리를 박박 깎아야 한다. 그러나 평안도의 특수 군대는 전통적인 두발이 허용되고 있다. 이처럼 요지경속 같은 한국 군대는 음악이 없으면 한 발도 움직이려고 하지 않는다. 나팔수 군악대는 한 소대 앞에서도 반짝반짝 광채가 나는 나팔을 불고 북을 치면서 앞장을 선다. 이 군악대가 연주하는 음악은 행진곡이라기보다는 유치원 아이들이 천진난만하게 장난을 하면서 그저 뚜뚜 불어대는 '어린이'군악대의 곡조와 같다. 보초 교대시 몇 발자국만 가면 되는 곳에도 군악대를 동반하며, 신병들이 훈련을 하러 나갈 때도 군악대를 앞세우고 간다. 단순하고 쉴새없이 울려대는 나팔소리로 인해 가뜩이나 번잡한 온 서울 시내가 진동을 하는 듯하다. 훈련 때도, 행진을 할 때도 음악이 없이는 한 걸음도 움직이지 않을 만큼 음악을 좋아하는 조선 신병들의 정서와 감수성을 여기서 엿볼 수가 있겠다.

유럽 아가씨들의 동경의 나라 임금님, 황제 알현

내가 서울에서 몇 주간 머물던 숙소 바로 건너편에 조선 왕이 거처하는 궁궐의 동문을 바라보면서 이 문을 통해 들락거리는 형형색색의 의상 행렬을 보고 있노라면, 마치 어렸을 적에 동화를 들으면서 환상세계로 빠져들어갔던 바로 그 기분이었다. 중국의 황제처럼 대한제국의 황제도 백성들이 잠자리에서 한참 자고 있을 자정이 되어야 정사를 보기 시작하는데, 이는 이 어려운 국사를 조용히 심사숙고 하면서 처리해야 하기 때문인 듯하다.

이러한 국왕과 운명을 같이 해야 하는 이 나라의 불행한 대신들은 매일 남이 잠을 자는 자정이 되면 일어나서, 예복으로 차리고 인적이라고는 없는 긴 대로를 지나 조정으로 들어가야 한다. 서울의 밤거리는 정말로 한적하다. 가다가 야간을 이용해서 외출을 나서는 여인들 외에, 어디서고 정적뿐이다. 이 나라양반은 밝은 날에는 음식과 술상을 준비해서 자연을 찾아가 기생을 데리고 연회를 즐기지만 백성은 밤에 모여서 즐길 줄을 모르는 듯하다.

불이 다 꺼져 어두운 서울 성안에 정동쪽 궁궐에서만 매일 밤마다 불빛이 휘영청 밝고 피리와 가야금 소리가 끊어지지 않는다. 조선의 황실에서는 밤마다 연회가 끊길 날이 없다. 복이 많은 이 나라 왕이 나라에서 가장 예쁘고 영리한 처녀들 중에서 선택한 궁녀 3백명과 함께 즐기는 연회에 대해서 떠도는 별별 풍문에 의하면 중국 황실의 향연은 조선의 잔치에 비해 어느 모로나 떨어지는 듯하다.

나도 궁궐의 연회에 몇 차례 초대받은 적이 있었는데 놀랍고 실망했던 것은 여느 유럽의 왕실 연회석상과 다른바 없었기 때문이다. ―적어도 외국인이 참석한 연회는 언제나 그랬다. 더 놀랐던 사실은 화려하게 장식된 식탁에 오른 값 비싼 최고급 유럽식으로 완벽한 음식이었다. 너무 비싼 음식이라 감히 상상도 못 하는 '트뤼펠(프랑스의 고급 버섯으로 주로 멧돼지가 냄새를 맡아 찾아내는데 송이버섯보다 귀함)' 요리가 상석을 차지했고 이 나라의 주인의 안녕을 위해 축배를 올리는 술은 프랑스산 '샴페인'으로 한없이 나왔다.

물론 이러한 서양식 연회가 빈틈없이 순비된 데는 특별한 이유가 있다. 1895년 10월 일본 왕실의 치밀한 계획 아래에 미우라 공사가 일본인으로 조직된 낭인과 병졸들을 끌고 왕궁으로 쳐들어가 이 나라의 왕비를 잔인하게 살해하고 시신을 칼로 난자해서 불에 태운 야만적인 사건이 있었다.

겁에 질린 국왕은 궁녀의 가마를 타고 러시아 공관으로 피신을 했는데 그곳에서 공사의 처제인 안토니에 존탁 여사의 극진한 대접을 받았다. 고종이 환궁을 할 때 이 알사스(당시 독일 점령지) 태생의 존탁 여사가 동행을 했고 이때부터 존탁 여사는 궁내 '서양' 예식의 담당관이 되었다. 존탁 여사는 궁내 유럽식 연회 준비 외에도 관여하는 데가 많았다. 지금 정동 궁 안 한 곳에 부산하게 짓고 있는 신궁도 존탁 여사의 의견을 수렴한 건축 공사로 러시아 공관보다 더 화려하게 지을 계획이다. 그러나 이 신궁에서 왕이 거처하게 될는지는 아직 수수께끼이다.

이 나라의 왕을 배알할 영광을 얻었다. 이 나라에 왔던 많은 유럽인들이 국왕을 알현하기를 원했는데도 몇 사람 외에는 행운을 얻을 수 없었다. 그런데 내게 이런 영광이 온 것은 물론 우리 독일 영사인 봐이퍼르트 박사의 영향도 있었다. 어쨌든 나는 행운아였고, 어느 날 어느 시에 입시하라는 전갈도 받았다. 우리 '독일'인의 배알이 있기 전에 영국 대사와 함께 동양 해상의 전권을 쥐고 있는 해군 함장 브리지 장군(Sir Cyprian Bridge)과 그 일행의 알현이 있었는데 영국인들이 뒷걸음으로 물러나면서 문 앞에서 삼배를 채 마치기도 전에 우리보고 들어오라는 표시를 했다. 국왕의 배알은 너무도 자연스러웠다. 천자인 중국 황제는 백성이 두려워서 감히 얼굴도 쳐들지 못하고 베이징의 입성은 완전히 금지였는데, 이 나라 국왕은 완벽한 신사에, 자연스럽고 억눌려 보이지도 않을 뿐더러 참 다정했다.

영사의 뒤에 서서 궁중의 예식에 따라 허리를 깊이 굽혀 삼배를 차례대로 하면서 주의 깊게 곁눈으로 사방을 관찰했다. 알현실의 내부장식은 별 게 아니었다. 전통적인 내실에 벽은 밝은 색으로 발랐고, 벽에는 나무 액자에 든 프랑스의 판화가 몇 점, 일본산 의자와, 내부장식에 비해서 너무 두껍고 혼란한 무늬의 기계로 짠 유럽산 보가 탁자에 깔려 있었다.

우리가 누군가를 만났을 때 고개를 숙여 인사하듯, 고개민 약긴 숙여 예의를 차리는 세 번째 절을 미친 후 얼굴을 드니 내 앞에 아주 고급스런 의상을 입은 두 남자가 서 있었다. 황제와 황태자였다. 황제의 오른쪽에는 두 손을 잡고 공손히 굽힌 채로 선 통역관 내시가 서툰 영어로 국왕의 말을 전하기 시작했다. 책상을 사이에 두고 가까이서 본 조선 왕은 조선 민족만이 가지고 있는 온갖 장점은 다가지고 있는 듯했다. 잘생긴 모습에 자비스럽고 인자해 보이고, 이 인자하게 보이는 국왕의 수염은 양쪽을 꼬아서 약간 위로 올렸는데, 조선에서 흔히 보는 염소의 수염처럼 가는 수염이 아니었다. 얼굴색은 창백한 편이었는데 궁궐 안에 갇혀 일년에 겨우 두어번 바깥출입을, 그나마도 햇볕이 못 들어오게 꼭꼭 닫은 가마를 타고 다니는 신세라 당연하다.

우리의 대화는 그저 예절에 따른, 서울 체류중에나 여행중에 불편함이 없었나, 이 나라를 세계에서 가장 아름다운 나라로 봐주니 고맙다는 정도였고 나는 여행중 돌아보니 금년에 풍년이 들 거라고 덧붙였다. 황제의 활기에 찬 음성은 부드럽고 친절하기가 그지없어 우리의 마음을 사로잡기에 충분했다. 백성을 사랑하고 백성의 안녕을 위해 진심으로 애를 쓰는 태도가 여실해 보였다. 가끔 왕자도 대화 속에 끼였는데, 왕자는 아버지 부왕에 비하면, 마마 흔적이 남은 얼굴로 좀 부은 듯하고 눈이 피로해 보였는데, 왕사 17 명에게 왕도를 배우느라 시달리고, 젊은 궁녀들과 밤을 새다보면 이 또한 당연지사라 하겠다.

여기서 첨부할 게 있다. 알현 며칠 후 영사가 내게 국왕이 하사한 훈장을 전했다. 오늘까지 나는 과분한 이 영광이 왜 내게 내려졌는지 수수께끼를 못 풀고 있다. 이 훈장은 이 나라에 공헌을 한 사람에게 수여된다는데 한문으로 '대한제국의 황제가 기련은장을 수여한다'는 내용에 일자는 광무 5 년 1897 년이라고 적혀 있다.

끝으로 웃지 못할 우스운 이야기를 들은 대로 하나 전하겠다. 한 대신이 유럽 아가씨들로부터 매일 문의편지를 한 광주리로 담을 만큼 받는데 그 내용은 대체로 고종 황제의 비(妃)가 될 수 없겠느냐는 내용이었다. 수수께끼 같고 비밀에 가득 쌓인 조선이 유럽의 일·월간지에 소개되면서 조선 국왕은 선망의 대상으로 등장했다. 그래서 유럽 젊은 아가씨들은 신비스런 이국(異國)의 왕 곁에서 온갖 호사를 누리는 이야기 속에 나오는 동방의 아라비안 궁전을 상상했다.

무슨 일이라도 하겠으니 국왕의 곁에만 있게 해달라는 서신문의가 그처럼 많이 온다니, 이 나라 왕은 복에 복이 쌓이나보다.

이 글은 겐테가 쓴 《견문기》(Korea. Reiseschilderungen), Herausgegeben von Georg Wegener. Band I. Berlin, 1905) 중에서 일부를 발췌하여 옮겼다.